Christian Langenbach

Freireligiöse im Nationalsozialismus

Christian Langenbach

Freireligiöse im Nationalsozialismus

Die Selbstdarstellung freireligiöser Organisationen in Deutschland 1933 bis 1945

Tectum Verlag

Christian Langenbach

Freireligiöse im Nationalsozialismus.
Die Selbstdarstellung freireligiöser Organisationen in Deutschland 1933 bis 1945

ISBN: 978-3-8288-9649-9

Besuchen Sie uns im Internet
www.tectum-verlag.de

Bibliografische Informationen der Deutschen Nationalbibliothek
Die Deutsche Nationalbibliothek verzeichnet diese Publikation in der Deutschen Nationalbibliografie; detaillierte bibliografische Angaben sind im Internet über http://dnb.ddb.de abrufbar.

Vorworte

Christian Langenbach: „Freireligiöse Gemeinden im Nationalsozialismus"

Wie kam es dazu?

Der Freireligiösen Bewegung ist vorgeworfen, sie hätte in der Zeit von 1933 bis 1945 mit dem Nationalsozialismus gemeinsame Sache gemacht. Führende Vertreter hätten das Hitlerregime nicht nur geduldet sondern aktiv unterstützt. Konkrete Beweise werden nicht vorgelegt, Gegenbeweise ignoriert. Nach unserer Kenntnis haben sich weder der Bund Freireligiöser Gemeinden Deutschlands (BFGD) noch seine Mitgliedsgemeinschaften mit den Nationalsozialisten eingelassen oder gar deren verbrecherische Politik öffentlich begrüßt oder unterstützt. Uns sind keine Quellen bekannt, welche dies belegen würden. Bewiesen aber ist, dass viele Freireligiöse Gemeinden im Dritten Reich als kommunistische Organisationen verboten und enteignet worden sind, so auch der BFGD. Viele aktive Freireligiöse sind von den Nazis verfolgt worden, kamen in Konzentrationslager oder kämpften im ausländischen Widerstand gegen das Naziregime.

Sicher gab es auch Mitglieder in unseren Gemeinden, welche vom Nationalsozialismus überzeugt waren, für ihn eingetreten sind und dies auch öffentlich bekannt haben. Aber zwischen Meinungsäußerungen einzelner Mitglieder und offiziellen Beschlüssen und Aussagen der Gemeinden besteht ein wesentlicher Unterschied. Eine Unterstützung des Nationalsozialismus war nach unserem Wissen nie eine vom BFGD und seinen Mitgliedsgemeinden auch nur im entferntesten erwogene Möglichkeit.

Es gibt viele Untersuchungen und Dokumentationen über die Zeit des Dritten Reiches, über das Verhalten von Personen und Organisationen zum Hitlerregime. Über unsere freireligiöse Bewegung in der Zeit von 1933 bis 1950 gibt es hingegen keine wissenschaftliche Arbeiten. Dabei wären gerade für diesen Zeitraum kritische Untersuchungen unabhängiger Wissenschaftler nicht nur interessant, sondern auch wichtig und notwendig.

Der BFGD hat deshalb beschlossen, wissenschaftliche Arbeiten über das Thema „Geschichte der freireligiösen Bewegung von 1933 bis

1950" zu initiieren oder zu fördern. Die von Christian Langenbach vorgelegte Magisterarbeit ist die erste aufgrund dieser Ausschreibung entstandene und durch den BFGD geförderte Arbeit zu diesem Thema. Gemessen an dem Umfang des Themas und des Materials kann sie natürlich nur Teilaspekte beleuchten. Wichtige weitere Fragen bleiben unbeantwortet.

So sieht der BFGD diese Magisterarbeit, trotz mancher Unzulänglichkeiten, als Anfang einer Aufarbeitung der Freireligiösen Geschichte in der Zeit von 1933 -1950 und hofft auf weiteres Interesse und wissenschaftliche Veröffentlichungen.

BFGD

Christian Langenbach: „Freireligiöse Gemeinden im Nationalsozialismus"

Wie haben sich die Prediger derjenigen freireligiösen Gemeinden verhalten, die während der nationalsozialistischen Diktatur nicht verboten worden waren?

Christian Langenbach hat die entsprechenden Publikationsorgane der fraglichen Zeitspanne untersucht und dabei eine heute peinliche Kompromiss- und Anpassungsbereitschaft dokumentiert.

Der Untersuchung liegt eine Magisterarbeit im Fach Geschichte an der Fernuniversität Hagen zugrunde. Sie berücksichtigt die verfügbare Sekundärliteratur. An Primärliteratur zitiert der Verfasser allerdings vorwiegend diejenigen Freireligiösen, die zu Beginn des Dritten Reiches überhaupt noch publizieren durften, ohne diese Aussagen angemessen zu relativieren, was angesichts der überwiegend sozialdemokratisch eingestellten Mehrheit der Gemeindemitglieder und der dem elitären Führerprinzip der Nazi-Ideologie diametral entgegen gesetzten räte-demokratischen Verfassung der freireligiösen Gemeinden in höherem Maße wünschenswert gewesen wäre.

Diese Äußerungen prominenter Freireligiöser im Dritten Reich beleuchtet also kaum die Situation der Freireligiösen Gemeinden im Nationalsozialismus, was das Thema ja eigentlich verspricht. Es wäre notwendig gewesen, darauf hinzuweisen, dass aus den Freireligiösen Gemeinden Karlsruhe und Mannheim beispielsweise zahlreiche Mitglieder verfolgt wurden, einer im KZ ermordet. Die Arbeit Langenbachs bearbeitet freilich dafür ein Kapitel, das bisher von der eigenen Geschichtsschreibung meist verschämt verschwiegen worden ist. Ausnahmen bildet eine Ausstellung zum 150. Geburtstag der Gemeinde Mannheim im *Reiss-Museum* 1995 sowie die Arbeit von *H.Steuerwald.*

Von 60 bis 90 Tausend Freireligiösen im behandelten Zeitraum kommen in Langenbachs Arbeit hauptsächlich weniger als ein halbes Dutzend Autoren zu Wort, die einerseits aus Opportunismus oder einer eher bürgerlichen Einstellung heraus durchaus gewisse Sympathien mit den Herrschenden hegten, die andererseits aber wohl nicht nur für sich selbst sprachen, sondern auch den Fortbestand ihrer Gemeinden im Sinn hatten. Das darf zumindest unterstellt werden, hat doch - nach eigener Aussage - *Max Gehrmann* bei seinem Fortgang aus der Münchener Gemeinde das Mitgliederverzeichnis in seinem Schrank versiegeln lassen und dem Zugriff der Gestapo entzogen. Bei den zitierten Wortführern dieser mindestens 60 bis 90 Tausend Freireligiösen (in dieser Zahl ist noch nicht die Mitgliederzahl der FLG Baden enthalten) handelt es sich hauptsächlich nur um folgende vier Männer:

1.Max Gehrmann, *2. Georg Pick,*

3. Clemens Taesler, *4. Karl Weiss.*

Daneben werden in der Magisterarbeit aber auch solche Personen zitiert, die zwar im Namen der Freireligiösen auftraten, aber nie einer Gemeinde angehört hatten, wie der Leipziger Philosoph *Ernst Bergmann.* Langenbach gibt allein über ein Dutzend Publikationen von Ernst Bergmann an und hebt nicht nur nicht hervor, dass dieser niemals Mitglied einer freireligiösen Gemeinde war (vgl. dagegen Nanko S. 4 ff.), sondern bezeichnet im Gegenteil Bergmann irrig und kommentarlos als Freireligiösen.

Es ist historisch auch nicht korrekt, die Freireligiösen in einen Topf mit der Deutschen Glaubensbewegung (DGB) zu werfen. Zudem sah sich selbst die DGB dem Vorwurf ausgesetzt, sie sei „ein Sammelplatz für alle früheren und jetzigen Staatsfeinde." So schreibt kein Geringerer als der Landesringleiter Baden der DGB, Prof. Dr. *Speer*, in einem Brief vom November 1937 an das ehemalige Mitglied der freireligiösen Gemeinde Lörrach, *Hans Rotzler* (geboren 15.2.1904 in Lörrach, gefallen am 2.10.1942 in Russland). Rotzler hatte die Parteischule der SPD besucht und gehörte 1923 zu den Mitbegründern der Arbeiterjugend Lörrach. Er trat der DGB bei und sollte auf Betreiben eines gewissen *Gottfried Brecht*, auch ehemaliger Sozialdemokrat und nun Ortsringleiter der DGB Lörrach, ausgeschlossen werden, weil er keine einzige Versammlung besucht und nicht den „Durchbruch" abonniert habe. Brecht beklagt, dass seit 1935 „immer und immer wieder unsere Veranstaltungen (der DGB) mit Gästen Fehlschläge waren, weil diese sehen mussten, unsere eigenen Leute haben kein Interesse und kommen nicht."*

---

* Diese Angaben stammen aus (noch) unveröffentlichten und privaten Briefen. Leider habe ich den Inhalt bis zur Arbeit an diesem Gutachten nicht mehr in Erinnerung gehabt; als mich Herr Langenbach anrief und um Material fragte, habe ich ihn auf das Stadtarchiv Mannheim verwiesen. Ich war 2004 dermaßen in Anspruch genommen durch die Kommentierung und Entschlüsselung der Bornstedt-Briefe und ihre Edition, den Feuerbach-Beitrag sowie die Festschrift für meinen Bruder Ernst, dass ich nicht daran gedacht habe, Herrn L. einmal zu einem Gespräch einzuladen.

Aus der zeitweiligen Zusammenarbeit und dem Übertritt einiger zur DGB Schlussfolgerungen zu ziehen auf die allgemeine Haltung der Freireligiösen im 3. Reich würde die individualistische Einstellung der Freireligiösen verkennen . Sie haben und hatten kein obligatorisches Glaubensbekenntnis und darum auch keine allgemein verbindliche Ideologie. Nanko ist sich dessen durchaus bewusst, wenn er sagt:

„Wenn an der Verbandspitze etwas beschlossen worden ist, hieß das noch lange nicht, dass dieser Beschluss von den Gemeinden mitgetragen wurde. Die Freireligiösen hatten und haben einen ausgeprägten Sinn für Eigenständigkeit. Jede Gemeinde betrachtete sich zunächst einmal als autonom." ... „Es ist schwer, generelle Aussagen zu machen. Man müsste die örtlichen Verhältnisse jeder einzelnen Gemeinde gesondert untersuchen und erst dann ein Urteil fällen."

Eine solche Untersuchung hätte gewiss den Rahmen der Magisterarbeit Langenbachs gesprengt. Sie hätte ergeben, dass allein aus dem Gebiet der Freireligiösen Landesgemeinde Baden *Emil Faller* und seine Frau aus der Gemeinde Schopfheim; *Joseph Glatz* und *Martel Rudolph, Ludwig Marum, Remmele* und Dr. *Elisabeth Steiner* aus Karlsruhe; der Sohn von Dr. *Mohr* aus Mannheim, sowie aus Hannover *Albert Heuer,* im KZ gewesen sind - wobei dies nur die mir bekannten Fälle sind –, während Langenbach sich darauf beschränkt, den aus der Freireligiösen Landesgemeinde Niedersachsen ausgeschlossenen Bronder zu zitieren, wonach nur 3 Freireligiöse im KZ inhaftiert gewesen seien. Langenbachs folgert: „Aus den Quellen geht eindeutig hervor, dass die freireligiösen Gemeinden sich mit Nachdruck zum NS-Staat und der Führung Adolf Hitlers bekannten ...". Dieses „Fazit" gilt nicht einmal eingeschränkt für die Prediger der nicht verbotenen Gemeinden, geschweige denn für deren Mitglieder. Und diese Prediger waren keineswegs durchweg Parteimitglieder. Von Pick wissen wir es genau.-

Die Quellen der vorliegenden Arbeit sind, wie gesagt, fast ausschließlich die im Dritten Reich nicht verbotenen Publikationen und beschränken sich wie gesagt zum Teil auf Äußerungen von *Gehrmann, Pick, Taesler* und *Weiß*, aber auch auf Personen, die im Namen der Freireligiösen geschrieben haben, aber niemals einer Gemeinde angehört haben, wie *Ernst Bergmann.* Bergmann wird einfach *Carl Peter* an die Seite gestellt und fortan alle dessen Äußerungen als solche von „Freireligiösen" ausgegeben. Langenbach schreibt, Hitler sei von Freireligiösen emphatisch gefeiert worden, und er zitiert als Beleg nahtlos daran im nächsten Satz Ernst Bergmann!

Einleitend bemerkt der Verfasser, dass seiner Arbeit in erster Linie „gedruckte Quellen ..., die zwischen 1933-45 von freireligiösen Gemeinden herausgegeben wurden" zugrunde liegen - kein Wunder, dass darin so viel verfängliche Zitate zu finden sind. Diese hätten dann doch vor dem Hintergrund von gesicherten Tatsachen gesehen werden müssen, wie zum Beispiel der, dass die SS gefordert hatte, alle Führungspositionen im Bund der Freireligiösen mit NSDAP-Mitgliedern zu besetzen (Vgl. Nanko S. 207f.) und ihn danach dann dennoch zu verbieten. Das legt nahe, Äußerungen solcher Führungskräfte als Einzelmeinungen zu bewerten.

Das Verhältnis zwischen den nicht verbotenen - also belastenden - wenigen gedruckten Quellen zu den unterdrückten Organen und der Zahl der Freireligiösen ergibt sich aus den Mitgliederzahlen in den 3 freireligiösen Verbänden am Vorabend der Machtergreifung, die L. auch korrekt angibt und zwar für
a) den Volksbund für Geistesfreiheit (VfG) ca 60.000 in über 150 Gemeinden,
b) den Verband freireligiöser Gemeinden in SW-Deutschland ca 20.000,
c) die FLG Baden ohne Angabe, (aber damals schätzungsweise zwei bis dreitausend).
Demgegenüber beträgt die Zahl der Mitglieder in der DGB „weniger als 10.000"! 1944 besaß die „Gemeinschaft Deutscher Volksreligion" unter dem Vorsitzenden *Ernst Bergmann* 18.000 Mitglieder, unter denen sich aber zahlreiche Anhänger anderer Gruppen befanden. Dieses Verhältnis hätte berücksichtigt werden müssen bei der Beurteilung „der" Freireligiösen Gemeinden. Die veröffentlichte Meinung von einem halben Dutzend angepasster Freireligiöser, auch wenn es sich um Prediger oder Vorsitzende handelt, einfach gleichzusetzen mit der Haltung „der" Freireligiösen, die ja keinerlei reale Möglichkeit besaßen, sich davon zu distanzieren, ist fragwürdig.

Der Gutachter Prof. *Peter Brandt* verweist denn auch mit Recht auf „Anpassungszwänge und Spielräume von religiösen und weltanschaulichen Gemeinschaften außerhalb des nationalsozialistischen Mainstreams." Die vorliegende Untersuchung gibt keine Hinweise, welcher Art diese Zwänge waren oder wie groß überhaupt die Spielräume hätten gewesen sein können. Peter Brandt bemängelt mit Recht, es hätte in der Magisterarbeit *„stärker reflektiert werden sollen, dass es meist ein kleiner Zirkel derselben Personen ist, der die Inhalte der Freireligiösen nach 1933 fortschreibt... Dass der ideologische Anpassungs- und Unter-*

werfungskurs der Freireligiösen im Nationalsozialismus von solchen Personen getragen wurde, die im Sinne des Regimes nicht belastet waren ..."

Langenbach stellt fest:: „*Eine zusammenfassende Darstellung der Verfolgung von Mitgliedern freireligiöser Gemeinden unter dem NS-Regime bleibt weiterhin ein Desiderat der Forschung.*". Auf dieser Tatsache müsste, auf Langenbachs Arbeit aufbauend, die Untersuchung weitergeführt werden, vielleicht von ihm in einer Dissertation?

Was er vorlegt, ist gewissenhaft und gut formuliert, weitgehend sachlich, wenn auch wie gesagt zu einseitig gestützt auf die Aussagen – und nur auf die Aussagen - von weniger als einem halben Dutzend Sprecher. Positiv ist auch, dass er nicht ungeprüft die Ansicht *Bahns* und *Nankos* übernimmt, im Gegensatz zu den Gemeinden des VfG und des BFGD seien die südwestdeutschen weniger mit den Sozialdemokraten verknüpft und eher bürgerlich gewesen. Aber er zieht keine Schlussfolgerungen daraus. Mannheim als die stärkste Gemeinde (ca. 2000 Mitglieder) war eine Arbeitergemeinde und sozialdemokratisch dominiert, erst recht die Pfälzer Gemeinden, auch die Gemeinden Karlsruhe, Lörrach und Konstanz, erst recht die Gemeinde Heilbronn.

Ungedruckte Äußerungen führender Freireligiöser wie z.B die von *Arthur Drews* direkt zur DGB und zur Nazi- Ideologie - die Originalbriefe finden sich im Archiv der Frei-religiösen Gemeinde Offenbach und sind zugänglich - können das Bild ergänzen. Einige sind bereits publiziert (FR 1986, 110ff.)

Der Prediger *Erich Schramm* hatte sich von den Freireligiösen entfernt, begeistert der DGB zugewandt und nun versucht, Drews dafür zu gewinnen. (Brief an A.D. v. 12,6,1943). Allein daraus, dass Schramm engagiertes Mitglied der DGB war, geht hervor, dass *Drews* dieser fern gestanden haben muss, auch wenn sein Name wiederholt als Vertreter der Freireligiösen genannt worden war.

Drews antwortet *Schramm* zwei Tage später, dass alles, was ihm bisher von Seiten der „Arbeitsgemeinschaft Deutsche Glaubensbewegung" (ADG) bisher zu Gesichte gekommen sei, „*doch nur ein törichter Rassenmaterialismus: ‚Blut, Boden und Rasse'! ...., ein zur Religion erhobener Nationalsozialismus ohne tiefere Erkenntnis für das eigentliche Wesen der Religion, ein phrasenhaftes Gerede vom ‚Mythos des Blutes' ...*" sei. Solche Äußerungen eines exponierten Wortführers der Freireligiösen hätten unbedingt Erwähnung finden müssen, zumal Drews die Freireligiösen auf der Eisenacher Tagung vertreten hatte.

Was die DGB betrifft, so war sie ein Sammelbecken unterschiedlicher Weltanschauungen und religiöser Ideen, die sich den Begriff „Deutscher Glaube“ übergestülpt hatten. Schramm (Br. an A. Drews v. 19.6.1934) bekennt denn auch: „...dieser deutsche Glaube ist so mannigfaltig wie der deutsche Wald“, um dann einzuschränken, die DGB wolle „die vorhandene deutsche Religion, die bereits seit Urzeiten im deutschen Volke lebt, ...pflegen“, und er spricht im folgenden von der deutschen Auffassung Gottes als eines Kämpfers, der sich erst durchringen muss.“ (FR 1986, S. 112).

Angesichts solcher Vorstellungen gesteht der Philosoph *Arthur Drews*, dass sein „Begriffsvermögen versagt“ (*Br. an E. Schramm vom 10.7.34; in: FR S. 114f.*). Dann fährt er fort: *„Apropos der deutsche Geist: Ich fürchte, er ist für die meisten nur der Geist des Nationalsozialismus ..., wie so viele Sozialisten und Freireligiöse vor der nationalen Revolution den Sozialismus (Marxismus) für ihre Religion erklärten ...“* (FR S.115). In einem Brief v. 22. August 1934 an Erich Schramm nennt Arthur Drews das Gerede „über Blut, Boden und Rasse“ sogar ausdrücklich „Geschwätz“.

Es gibt weitere Quellen, auch gedruckte, wie *Fallers Erinnerungen*, die angeführt werden können, um das Bild der Gemeinden im Faschismus beleuchten zu können. Es wäre sinnvoll gewesen, auch die Äußerungen der Nationalsozialisten selbst über die Freireligiösen Gemeinden heranzuziehen. Darin ist nämlich alles andere als Sympathie zu finden. So schreibt etwa *Klaus Besser* 1940 im Ludendorffs Verlag, „die von Ronge mit großem Geschrei proklamierte ‚neue Kirche‘ war... rein freimaurerisch-jüdischen Ursprungs und völlig auf die Hilfe der Logen angewiesen.“ Er bezeichnet „diese begriffliche Verwirrung von Judentum, Deutschtum und Katholizismus (als) „...ein geschichtlicher Witz ersten Ranges.“ Antidogmatismus und das gegen jede Hierarchie gerichtete Selbstbestimmungsrecht, die für die Freie Religion konstitutiv sind, lassen sich nicht mit der faschistischen Ideologie vereinbaren.

Eckhart Pilick

Inhaltsverzeichnis

A) Die Freireligiösen im Nationalsozialismus

In der Mitte des 19. Jahrhunderts entstanden in Deutschland aus der katholischen und evangelischen Kirche heraus liberale religiöse Gemeinschaften, die sich zunächst "Deutschkatholiken" bzw. "Protestantische Freunde" nannten und schließlich die Bezeichnung "freireligiös" annahmen. In der Folgezeit durchlebten die freireligiösen Gemeinden eine wechselvolle Geschichte von Spaltungen und Wiedervereinigungen, Verboten und Anerkennung, Ausbreitung und Niedergang. Einige dieser Gemeinden existieren bis heute. Die vorliegende Arbeit hat die Geschichte der freireligiösen Gemeinden von 1933 bis 1945 zum Thema.

1) Themenstellung

Die Geschichte der Kirchen und Religionsgemeinschaften zur Zeit des Nationalsozialismus war von schweren Konflikten geprägt. Zum einen ereigneten sich heftige Auseinandersetzungen innerhalb der Kirchen. Hier ist vor allem der Kampf in der evangelischen Kirche zwischen den mit der nationalsozialistischen Ideologie sympathisierenden „Deutschen Christen" einerseits und der Bekennenden Kirche andererseits zu nennen.[1] Schwerwiegender noch waren die Auseinandersetzungen zwischen den Religionsgemeinschaften und dem totalitären Staat. Nach der „Machtergreifung" 1933 folgte zunächst eine Phase der Konsolidierung der nationalsozialistischen Herrschaft. Indieser Zeit vermied die Staatsführung einen offenen Konflikt mit den Kirchen. Das Konkordat mit der Römisch-Katholischen Kirche und die entspechenden Staatsverträge mit den evangelischen Landeskirchen zeigten, daß der nationalsozialistische Staat zunächst die Zusammenarbeit mit den Kirchen anstrebte. Die offene Konfrontation wurde dadurch aber nur aufgeschoben. Mit fortschreitender Festigung der nationalsozialistischen Herrschaft kam es in zunehmendem Maß zu Konflikten zwischen dem nationalsozialistischen Staat und den Kirchen. Der Kirchenkampf zog sich bis zum Zusammenbruch des NS-Regimes hin, auch wenn er nach Kriegsbeginn teilweise „äußerlich kaschiert" wurde.[2] In dieser Auseinandersetzung hatten sich auch kleinere Religionsgemeinschaften wie die freireligiösen Gemeinden zu bewähren. In der

1 Klaus Hildebrand: Das Dritte Reich, 6. Aufl., München 2003, S. 14 f.

2 Hildebrand: Das Dritte Reich, S. 50 f.

vorliegenden Arbeit soll der Frage nachgegangen werden, inwiefern ihnen dies gelungen ist.

Ein kurzgefaßter Überblick zeichnet zunächst die Geschichte der freireligiösen Gemeinden seit ihrer Entstehung in der Mitte des 19. Jahrhunderts bis 1933 nach. Ausführlicher behandelt wird dann die Entwicklung nach 1933. Zunächst werden Verfolgungsmaßnahmen der staatlichen Stellen gegen freireligiöse Gemeinden und einzelne Mitglieder an Beispielen dargestellt.

Im Zentrum der Arbeit steht die Auseinandersetzung zwischen den freireligiösen Gemeinden und ihrer Umgebung. Ausgehend von der damaligen Außendarstellung der freireligiösen Gemeinden wird ihr Bezug zu unterschiedlichen Fragestellungen untersucht. Die Positionierung der Freireligiösen gegenüber dem nationalsozialistischen Staat und seiner Ideologie nimmt hier den größten Raum ein. Auf welche Weise präsentierten sich die Freireligiösen nach dem Machtwechsel in der Öffentlichkeit? Leisteten sie Widerstand, paßten sie sich an, oder versuchten sie durch eine "unpolitische" Haltung dem staatlichen Druck zur Gleichschaltung auszuweichen? Welche Standpunkte bezogen die freireligiösen Gemeinden offiziell zum nationalsozialistischen Staat, zur nationalsozialistischen Ideologie? Wie äußerten sie sich über "Blut und Boden", „Führer“ und „Volksgemeinschaft“? Kürzere Abschnitte behandeln dann die Einführung des „Führerprinzips“ in den freireligiösen Gemeinden und ihre Position zur Rassenlehre und „Erbgesundheitspflege“. Ausgehend von der Rassenlehre wird sodann das Verhältnis der Freireligiösen zum Judentum untersucht. Wie äußerten sich Freireligiöse über die verfemte jüdische Religon? Und wie verhielten sich die freireligiösen Gemeinden gegenüber denjenigen unter ihren Mitgliedern, die nach den Nürnberger Gesetzen als Juden eingestuft wurden?

Ein weiterer Schwerpunkt der Arbeit ist die Darstellung von Übereinstimmung oder Abgrenzung gegenüber dem Christentum allgemein und den christlichen Konfessionen im Besonderen. Da sich viele freireligiöse Autoren wiederholt und ausführlich zur Beziehung zwischen Christentum und freier Religion äußerten, nimmt dieser Abschnitt in der vorliegenden Arbeit einen größeren Raum ein. Anschließend wird die Traditionslinie nachgezeichnet, auf die sich die freireligiösen Gemeinden beriefen. Daraus abgeleitet wird der Entwurf einer "deutschen Religion", wie sie von Vertretern der Freireligiösen propagiert wurde. Dieser Abschnitt fährt fort mit einem kurzen Aufriß der freireligiösen Geschichtsphilosophie und schließt mit der Bedeutung der germanischen Religion für die Freireligiösen und der Beziehung zu völkisch-religiösen Gemeinschaften, insbesondere zur Deutschen Glaubensbewegung. Abschließend folgt ein kürzerer Abschnitt, der sich mit den humanitären Traditionen der freireligiösen Gemeinden auseinandersetzt. Anhand von Aussagen zu Freiheit, Toleranz und Menschenwürde wird das Verhältnis dieser Traditon im Hinblick auf ihren Stellenwert innerhalb des nationalsozialistischen Staates analysiert.

2) Forschungsstand

Während die Geschichte der katholischen und evangelischen Kirchen sowie der jüdischen Gemeinden im Nationalsozialismus Gegenstand zahlreicher Studien wurde, standen andere kleine Religionsgemeinschaften bisher nur selten im Fokus wissenschaftlichen Interesses. Dies trifft auf die freireligiösen Gemeinden in Deutschland in besonderem Maß zu. Es existieren zur Geschichte der Freireligiösen nur wenige wissenschaftliche Arbeiten. Die Entstehung der freireligiösen Gemeinden im 19. Jahrhundert ist in den historischen Arbeiten von Jörn Brederlow und Friedrich Wilhelm Graf detailliert beschrieben worden.[3] Grundlegendes Standardwerk über die freireligiösen Gemeinden ist weiterhin der von den evangelischen Theologen Friedrich Heyer und Volker Pitzer herausgegebene Band "Religion ohne Kirche".[4] Dieses Buch diskutiert vor allem die Inhalte freier Religion. Dabei konzentriert es sich vornehmlich auf die weltanschauliche Auseinandersetzung zwischen dem Christentum und der freien Religion. Die Geschichte der freireligiösen Gemeinden wird im Überblick dargestellt, wobei die Entstehungszeit der freireligiösen Gemeinden in der Mitte des 19. Jahrhunderts den größten Raum einnimmt. Die spätere Entwicklung der freireligiösen Gemeinden wird in einer kurzen Zusammenfassung dargestellt. Auch die verschiedenen Artikel über die Freireligiösen in theologischen Lexika konzentrieren sich aus Raum-

---

3 Jörn Brederlow: "Lichtfreunde" und "Freie Gemeinden". Religiöser Protest und Freiheitsbewegung im Vormärz und in der Revolution 1848/49, München/Wien 1976; Friedrich Wilhelm Graf: Die Politisierung des religiösen Bewußtseins. Die bürgerlichen Religionsparteien im deutschen Vormärz. Das Beispiel des Deutschkatholizismus, Stuttgart 1978.

4 Religion ohne Kirche. Die Bewegung der Freireligiösen. Ein Handbuch, herausgegeben von Friedrich Heyer unter Mitarbeit von Volker Pitzer, 2. Aufl., Stuttgart 1979.

gründen auf die Beschreibung der Inhalte freier Religion und können die Geschichte der freireligiösen Gemeinden nur kurz ansprechen.[5]

Von freireligiöser Seite wurden verschiedene Selbstdarstellungen zur Geschichte der freireligiösen Bewegung veröffentlicht. Von Bedeutung sind hier die historischen Beiträge in dem Sammelband "Die Freireligiöse Bewegung - Wesen und Auftrag".[6] Darüber hinaus haben mehrere frühere Pfarrer bzw. Prediger freireligiöser Gemeinden ausführliche Gemeindegeschichten zusammengestellt.[7] Hinzu kommt die von dem früheren Prediger der badischen Landesgemeinde Eckhart Pilick herausgegebene Sammlung von Kurzbiographien im "Lexikon freireligiöser Personen".[8]

Neben diesen Selbstdarstellungen existieren nur wenige wissenschaftliche Arbeiten zur Geschichte der freireligiösen Gemeinden im 20. Jahrhundert. Peter Bahns materialreiche Untersuchung der Geschichte der freireligiösen Gemeinden in der Pfalz beschreibt detailliert die Entwicklung der Freireligiösen in Deutschland am Beispiel der Pfälzer Gemeinden.[9] Die komplexe Organisationsgeschichte der verschiedenen freireligiösen Verbände in der Zeit des Dritten Reiches wurde von Ul-

---

5 Walter Fleischmann-Bisten: Art. "Freireligiöse Vereinigungen in Deutschland", in: Religion in Geschichte und Gegenwart. Handwörterbuch für Theologie und Religionswissenschaft, Bd. 3, 4. Aufl., Tübingen 2000, Sp. 333 - 334; Hubertus Mynarek: Art. "Freireligiöse", in: Evangelisches Kirchenlexikon. Internationale theologische Enzyklopädie, 1. Bd., 3. Aufl., Göttingen 1986, Sp. 1365 - 1367; Volker Pitzer: Art. "Freireligiöse Bewegung(en)", in: Theologische Realenzyklopädie, Bd. 11, Berlin/New York 1983, S. 567 - 572; Michael Wittig: Art. "Freireligiöse Bewegungen", in: Lexikon für Theologie und Kirche, 4. Bd., 3. Aufl., Freiburg/Basel/Rom/Wien 1995, Sp. 118 - 119.

6 Die Freireligiöse Bewegung. Wesen und Auftrag, als Gemeinschaftsarbeit herausgegeben vom Bund Freireligiöser Gemeinden Deutschlands - Freie Religionsgemeinschaft, Ludwigshafen 1959.

7 Max Gehrmann: Geschichte der Freireligiösen Gemeinde in Offenbach am Main, Offenbach/M. 1968; Karl Weiß: 125 Jahre Kampf um freie Religion. Dargestellt an der geschichtlichen Entwicklung der Freireligiösen Landesgemeinde Baden, Mannheim 1970.

8 Lexikon freireligiöser Personen, herausgegeben von Eckhart Pilick, Rohrbach 1997.

9 Peter Bahn: Deutschkatholiken und Freireligiöse. Geschichte und Kultur einer religiös-weltanschaulichen Dissidentengruppe, dargestellt am Beispiel der Pfalz, Mainz 1991.

rich Nanko in seiner Arbeit über die Deutsche Glaubensbewegung eingehend behandelt.[10]

Untersuchungen zur Geschichte der Freireligiösen im Nationalsozialismus werden durch die problematische Quellenlage erschwert. Bedingt durch die Verbote zahlreicher Gemeinden und die Kriegseinwirkungen gingen zahlreiche Unterlagen verloren. Da die vorliegende Arbeit als Schwerpunkt die offizielle Positionierung der freireligiösen Gemeinden im Nationalsozialismus behandelt, liegen der Darstellung in erster Linie gedruckte Quellen zugrunde, nämlich Bücher, Zeitschriften oder Flugschriften, die zwischen 1933 und 1945 von freireligiösen Gemeinden oder Gemeindeverbänden herausgegeben wurden. Die Untersuchung stützt sich dabei vor allem auf die Aussagen von Pfarrern, Predigern oder Funktionären der freireligiösen Gemeinden.

Für den Volksbund für Geistesfreiheit, später Bund Freireligiöser Gemeinden Deutschlands, und die nach dem Verbot als Nachfolgeorganisation gegründete Gemeinschaft Deutsche Volksreligion bedeutend war vor allem der langjährige Geschäftsführer des Bundes, Carl Peter in Leipzig.[11] Seit 1933 trat dazu Ernst Bergmann, NSDAP-Mitglied und Philosophieprofessor in Leipzig. Bergmann hatte bereits vor seiner Bekanntschaft mit den Freireligiösen in einem Buch über die „Deutsche Nationalkirche" Forderungen aufgestellt, die nun von den Freireligiösen übernommen wurden.[12] Von freireligiöser Seite wurde dabei eine „große Übereinstimmung der dort niedergelegten Weltanschauung mit der uns längst vertrauten freireligiösen" festgestellt. Bergmann stehe der freireligiösen Weltanschuung „ganz nahe".[13] Bergmann veröffentlichte ebenso wie Peter hauptsächlich in der Verbandszeitschrift *Die Geistesfreiheit* (später *Deutsche Glaubenswarte*), die nach dem Verbot durch die Zeitschrift *Deutsches Werden* ersetzt wurde.

Für die südwestdeutschen Gemeinden in der Freien Religionsgemeinschaft Deutschlands diente die Zeitschrift *Freie Religion* als Verbandszeitschrift. Darin veröffentlichten hauptsächlich die Pfarrer der Freien

---

10 Ulrich Nanko: Die Deutsche Glaubensbewegung. Eine historische und soziologische Untersuchung, Marburg 1993.

11 Renate Bauer: Art. „Carl Peter", in: Lexikon freireligiöser Personen, Rohrbach 1997, S. 118.

12 Ernst Bergmann: Die deutsche Nationalkirche, Breslau 1933.

13 Prof. Bergmanns "Deutsche Nationalkirche", in: Die Geistesfreiheit 1933, S. 103 f.

Religionsgemeinschaft Deutschlands, Georg Pick aus Mainz, der bereits seit 1921 als Herausgeber fungierte, Max Gehrmann aus Offenbach und Clemens Taesler aus Frankfurt. Georg Pick arbeitete von 1922 bis 1966 als Pfarrer in der Freireligiösen Gemeinde in Mainz.[14] Er spielte in der Freien Religionsgemeinschaft Deutschlands eine besonders wichtige Rolle, da er nicht nur seit 1934 Vorsteher der FRD war, sondern auch durch sein Buch „Die Religion der Freien Deutschen" eine exemplarische Zusammenfassung der freien Religion in dieser Zeit schuf.[15] Von Georg Pick liegt darüber hinaus auch eine Autobiographie vor, die jedoch in Bezug auf die Zeit der nationalsozialistischen Diktatur auffällige Lücken enthält.[16] Clemens Taesler war von 1918 bis 1962 in der Freireligiösen Gemeinde (später Unitarische Freie Religionsgemeinde) in Frankfurt als Pfarrer tätig.[17] Taesler verfaßte (wahrscheinlich noch 1945) eine Beschreibung seiner Tätigkeit in der NS-Zeit.[18] In der Weimarer Republik gehörte er der SPD an und bekleidete Leitungsfunktionen in der Freimaurerloge „Sokrates zur Standhaftigkeit" in Frankfurt/M und in der Großloge des Eklektischen Freimaurerbundes.[19] Taesler beantragte am 01. Mai 1933 die Aufnahme in die NSDAP „aus Verantwortung für meine Familie" und „in Sorge um meine ganz auf mich angewiesene Gemeinde, deren Auflösung befürchtet werden mußte".[20] 1935 erhielt er eine vorläufige Mitgliedskarte der NSDAP, die später wieder eingezogen wurde; eine endgültige Aufnahme in die Parei wurde ihm wegen seiner früheren Tätigkeit für

---

14 Siegfried Pick: Art. "Dr. Georg Pick", in: Lexikon freireligiöser Personen, Rohrbach 1997, S. 122 ff.

15 Georg Pick: Die Religion der freien Deutschen, Berlin 1937.

16 Georg Pick: Schicksalsweg eines Idealisten, Egelsbach/Frankfurt/M./St. Peter Port/Washington 1997.

17 Martin Buchner: Art. "Clemens Taesler", in: Lexikon freireligiöser Personen, Rohrbach 1997, S. 162 ff.; Friedrich Heyer: Art. "Taesler, Clemens", in: Friedrich Wilhelm Bautz (Hrsg.): Biographisch-Bibliographisches Kirchenlexikon, Bd. 11, Herzberg 1996, Sp. 394 - 398; Sigurd Taesler: Ehrfurcht, Humanität, Toleranz. Unitarische Gedanken in der Geistesgeschichte des Abendlandes, Frankfurt/M. 1982, S. 137 ff.

18 Clemens Taesler: Meine Lage von 1933 - 1945, in: Unitarische Freie Religionsgemeinde (Hrsg.): Dokumentation. Das Wirken Clemens Taeslers in schwerer Zeit, 3. Aufl., Frankfurt/M. 1994, S. 6 - 12.

19 Taesler: Meine Lage von 1933 - 1945, S. 6; Buchner: Art. "Clemens Taesler", S. 163.

20 Taesler: Meine Lage von 1933 - 1945, S. 7 f.

die Freimaurerei verweigert.[21] Max Gehrmann arbeitete von 1920 bis 1934 als Pfarrer in der Freireligiösen Gemeinde in München und von 1934 bis 1961 in der Frei-christlichen (später wieder "Frei-religiösen") Gemeinde in Offenbach.[22]

Die Freireligiöse Landesgemeinde Baden besaß mit ihrem *Mitteilungsblatt* eine eigene, wenn auch unregelmäßig erscheinende Zeitschrift. Darin veröffentlichte vor allem der Landesprediger Karl Weiß, der seit 1916 die freireligiösen Gemeinden in Baden betreute.[23]

3) Eingrenzung

Die vorliegende Arbeit behandelt ausschließlich die religiösen Gemeinden, die aus der Bewegung der Deutschkatholiken bzw. der Protestantischen Freunde hervorgingen und sich nach dem Zusammenschluß von 1859 als freireligiös bezeichneten. Aus Raumgründen war es nicht möglich, die mit den Freireligiösen inhaltlich verwandten Weltanschauungsgemeinschaften in die Untersuchung miteinzubeziehen. Die verschiedenen Freidenkerverbände, der Deutsche Monistenbund oder die Gesellschaften für ethische Kultur bleiben daher trotz weltanschaulicher Nähe und vielfältigen personellen und auch organisatorischen Verknüpfungen mit den freireligiösen Gemeinden weitgehend unberücksichtigt. Ausführliche Informationen zu diesen Gemeinschaften bieten die Darstellungen von Horst Groschopp und Helmut Steuerwald.[24] Auch auf die freiprotestantischen Gemeinden in Rheinhessen um Pfarrer Rudolf Walbaum in Alzey konnte in der vorliegenden Untersuchung nicht näher eingegangen werden. Obwohl die Freiprotestanten zeitweise in enger Verbindung mit freireligiösen Gemeinden standen und sich 1934 der Freien Religionsgemeinschaft Deutschlands anschlossen, gingen die eigenständigen

---

21 Taesler: Meine Lage von 1933 - 1945, S. 8.

22 Heinrich Keipp: Art. "Max Gehrmann", in: Lexikon freireligiöser Personen, Rohrbach 1997, S. 60; Gehrmann: Geschichte der Freireligiösen Gemeinde, S. 42 ff.

23 Art. "Dr. Karl Weiß", in: Lexikon freireligiöser Personen, Rohrbach 1997, S. 172 ff.

24 Horst Groschopp: Dissidenten. Freidenkerei und Kultur in Deutschland, Berlin 1997; Helmut Steuerwald: Kritische Geschichte der Religionen und freien Weltanschauungen. Eine Einführung, Neustadt/R. 1999, S. 489 ff.

Ansätze und Initiativen Walbaums über die hier behandelten Themenbereiche hinaus.[25]

Mit Ausnahme des kurzgefaßten Überblicks über die Geschichte der Freireligiösen bis 1933 und des Ausblicks befaßt sich die Untersuchung nur mit der Zeit von 1933 bis 1945. Insbesondere konnte nicht darauf eingegangen werden, ob und inwiefern völkische, nationalistische und rassistische Vorstellungen bereits vor 1933 oder nach 1945 in freireligiösen Gemeinden vertreten waren. Zu dieser Fragestellung wäre ein Längsschnitt erforderlich, der die vorherrschenden Themen freireligiöser Äußerungen von der Mitte des 19. Jahrhunderts bis zur Gegenwart untersucht. Einen Ansatz dazu geben zwei Artikel von dem früheren Sprecher der Freireligiösen Landesgemeinde Hessen, Matthias Pilger-Strohl.[26]

---

25 Stephan Kalk: Art. "Rudolf Walbaum", in: Lexikon freireligiöser Personen, Rohrbach 1997, S. 172; Taesler: Ehrfurcht, Humanität, Toleranz, S. 130 f.

26 Matthias Pilger-Strohl: Eine deutsche Religion? Die freireligiöse Bewegung - Aspekte ihrer Beziehung zum völkischen Milieu, in: Stefanie v. Schnurbein/Justus H. Ulbricht (Hrsg.): Völkische Religion und Krisen der Moderne. Entwürfe "arteigener" Glaubenssysteme seit der Jahrhundertwende, Würzburg 2001, S. 342 - 366; ders.: Zerrissen zwischen rechts und links: Freireligiöse im Rhein-Main-Gebiet, in: Lutz Becht/Hermann Düringer/Ansgar Koschel: Rückkehr zur völkischen Religion? Glaube und Nation im Nationalsozialismus und heute, Frankfurt/M. 2003, S. 95 - 131.

B) Die Freireligiösen bis 1933

Anlaß für die Entstehung der freireligiösen Gemeinden war ein offener Brief des schlesischen Kaplans Johannes Ronge an den Bischof Arnoldi von Trier aus dem Jahr 1844. Ronge wandte sich darin mit scharfer Polemik gegen die Ausstellung des sogenannten „Heiligen Rockes" und rief zu einer neuen Reformation auf.[27] Ronges Protest erregte beträchtliche Aufmerksamkeit und fand großen Anklang in liberal gesinnten und reformwilligen Kreisen innerhalb der katholischen Kirche. Aus seiner Anhängerschaft gingen in den folgenden Jahren über zweihundert freie Gemeinden in ganz Deutschland hervor, die sich in bewußter Abgrenzung zur römisch-katholischen Kirche als „Deutschkatholiken" bezeichneten.[28]

Die deutschkatholischen Gemeinden führten in schneller Folge tiefgreifende Reformen ein. Auf dem ersten deutschkatholischen Konzil zu Ostern 1845 in Leipzig einigten sich die Gemeinden auf ein gemeinsames Bekenntnis. Sie sagten sich los vom römischen Papst und der kirchlichen Hierarchie, verwarfen Beichte, Zölibat, Reliquien- und Heiligenverehrung ebenso wie Ablässe, Fasten und Wallfahrten, erkannten nur noch Taufe und Abendmahl als Sakramente an, feierten ihre Gottesdienste in deutscher Sprache und vereinfachten die Liturgie nach protestantischem Vorbild.[29]

Bereits seit 1841 hatten sich liberale Protestanten in den Gruppen der „Protestantischen Freunde" oder „Lichtfreunde" zusammengefunden. Zunächst unternahmen die Lichtfreunde den Versuch, ihren aufgeklärten und rationalistischen Positionen innerhalb der evangelischen Lan-

---

27 Johannes Ronge: Johannes Ronge's (katholischer Priester) offenes Sendschreiben an den Bischof Arnoldi zu Trier, Offenbach/M. 1845; Renate Bauer: Art. "Johannes Ronge", in: Lexikon freireligiöser Personen, Rohrbach 1997, S. 133.

28 Friedrich Heyer: Geschichte, in: Religion ohne Kirche. Die Bewegung der Freireligiösen. Ein Handbuch, 2. Aufl., Stuttgart 1979, S. 14 ff.; Wilhelm Bonneß: Johannes Ronge. Aufbruch der freireligiösen Idee aus dem Katholizismus, in: Die Freireligiöse Bewegung. Wesen und Auftrag, Ludwigshafen 1959, S. 34 ff.

29 Heyer: Geschichte, S. 33 f.; Das Leipziger Bekenntnis, in: Freireligiöse Gemeinde Mainz (Hg.): Quellensammlung freireligiöser Thesen. Eine Zusammenstellung programmatischer Leitsätze, Artikel und Gedichte mit thesenhaftem Charakter von 1841 bis 1989, Mainz 1989.

deskirchen Gehör zu verschaffen. Bald wurden sie aber aus der evangelischen Kirche verdrängt und begannen ab 1846, eigene „Freie Gemeinden" zu gründen.[30]

In der Revolution von 1848/49 engagierten sich zahlreiche Repräsentanten der Deutschkatholiken und Lichtfreunde in der liberalen und demokratischen Bewegung. Nach der Niederschlagung der Revolution wurden die neuentstandenen Gemeinden vielerorts verboten, andere lösten sich unter dem staatlichen Druck auf. Einige ihrer bekanntesten Vertreter waren hingerichtet worden wie Robert Blum, zahlreiche andere waren ins Exil geflohen wie Johannes Ronge, Gustav von Struve und Carl Schurz.[31]

Die verbliebenen Gemeinden versuchten durch engere Zusammenarbeit zwischen Deutschkatholiken und Lichtfreunden den Niedergang aufzuhalten. 54 Gemeinden, vor allem aus Schlesien und Sachsen, schlossen sich am 17. Juni 1859 in Gotha zum „Bund Freireligiöser Gemeinden Deutschlands" zusammen.[32] Damit war die erste zentrale Organisation der freien Gemeinden in Deutschland geschaffen, die bis zur Gegenwart Bestand hat.

Einen erneuten Aufschwung erlebten die freireligiösen Gemeinden aber erst gegen Ende des 19. Jahrhunderts durch die Verbindung mit der aufkommenden Arbeiterbewegung. In der Folgezeit entwickelte sich ein enges Verhältnis zur Sozialdemokratie.[33] Nach dem Ersten Weltkrieg entfielen auch die bisherigen Einschränkungen von staatlicher Seite. Freireligiöse Sozialdemokraten gelangten nun vielfach in einflußreiche Stellungen der neubegründeten Republik. So wurde Adolph Hoffmann, der Vorsitzende der Freireligiösen Gemeinde in Berlin, kurzzeitig preußischer Kultusminister.[34] Gemeinsam mit Ernst

---

30 Heyer: Geschichte, S. 18 ff.; Heinz Schlötermann: Die protestantischen Wurzeln der Freireligiösen Bewegung, in: Die Freireligiöse Bewegung. Wesen und Auftrag, Ludwigshafen 1959, S. 50 ff.

31 Heyer: Geschichte, S. 30 ff.; Dietrich Bronder: Die Geschichte des Bundes Freireligiöser Gemeinden bis 1945, in: Die Freireligiöse Bewegung. Wesen und Auftrag, Ludwigshafen 1959, S. 70 f.

32 Heyer: Geschichte, S. 32; Verhandlungen bei Schließung des Bundes Freireligiöser Gemeinden, Gotha 16., 17. Juni 1859, Nachdruck Ludwigshafen 1984, S. 6.

33 Heyer: Geschichte, S. 37 ff.

34 Heyer: Geschichte, S. 46; Pia Oberacker: Art. „Adolph Hoffmann", in: Lexikon freireligiöser Personen, Rohrbach 1997, S. 78; Gernot Bandur: Adolph Hoffmann. Freireligiöser, sozialistischer Verleger und Politiker, in: Kein Jen-

Däumig, der ebenfalls der Berliner Gemeinde angehörte, war Hoffmann zeitweilig Vorsitzender der USPD.[35]

Nachdem sich in der Weimarer Republik die freigeistigen Weltanschauungsgemeinschaften weitgehend ungestört entfalten konnten, verstärkten sich die Bestrebungen auf den organisatorischen Zusammenschluß zwischen den freireligiösen Gemeinden, Freidenkern und Monisten. 1924 vereinigte sich auf der *Freigeistigen Woche* in Leipzig der Bund Freireligiöser Gemeinden Deutschlands mit dem Deutschen Freidenkerbund zum „Volksbund für Geistesfreiheit".[36] Mehrere freireligiöse Gemeinden in Südwestdeutschland um Pfarrer Georg Pick in Mainz lehnten jedoch diese organisatorische Verbindung mit den Freidenkern ab. Sie betonten gegenüber den atheistischen Tendenzen der Freidenker das genuin religiöse Anliegen der freien Gemeinden. schieden aus dem Bund Freireligiöser Gemeinden Deutschlands aus und schlossen sich mit der Landesgemeinde Baden im „Verband freireligiöser Gemeinden Deutschlands" zusammen.[37]

Obwohl dieser Verband die organisatorische Trennung von den Freidenkern aufrechterhielt, arbeitete er dennoch als Mitglied der „Reichsarbeitsgemeinschaft Freigeistiger Verbände" auch mit dem VfG und freidenkerischen Organisationen zusammen. Die Landesgemeinde Baden lehnte diese Kontakte ab und trat deshalb 1925 aus dem Verband wieder aus.[38]

Am Vorabend der nationalsozialistischen „Machtergreifung" bestanden im Deutschen Reich somit drei unterschiedliche freireligiöse Verbände. Der Volksbund für Geistesfreiheit (VfG) war die größte Gemeinschaft mit etwa 60.000 Mitgliedern in über 150 Gemeinden vor allem in Preußen, Bayern und Sachsen.[39] Der Verband freireligiöser Gemeinden Deutschlands konzentrierte sich auf Südwestdeutschland

---

Jenseits ist, kein Aufersteh'n. Freireligiöse in der Berliner Kulturgeschichte, Berlin 1998, S. 177.

35 Horst Naumann: Ernst Däumig - ein freireligiöser Revolutionär, in: Kein Jenseits ist, kein Aufersteh'n. Freireligiöse in der Berliner Kulturgeschichte, Berlin 1998, S. 198.

36 Heyer: Geschichte, S. 47; Bronder: Die Geschichte des Bundes Freireligiöser Gemeinden, S. 80.

37 Heyer: Geschichte, S. 47; Weiß, 125 Jahre Kampf, S. 129 f.

38 Bronder: Die Geschichte des Bundes Freireligiöser Gemeinden, S. 82 f.; Weiß: 125 Jahre Kampf, S. 140.

39 Bronder: Die Geschichte des Bundes Freireligiöser Gemeinden, S. 82.

und umfaßte Gemeinden in Frankfurt, Offenbach, Mainz und München sowie mehrere kleinere Gemeinden, die von diesen Städten aus betreut wurden. Seine Mitgliederzahl belief sich auf etwa 20.000.[40] Gegenüber den größeren Verbänden selbständig war die Freireligiöse Landesgemeinde in Baden mit Gemeinden in Mannheim, Heidelberg, Karlsruhe, Pforzheim, Freiburg und Konstanz.

---

40 Georg Pick: Die Freie Religionsgemeinschaft Deutschlands, in: Die Freireligiöse Bewegung. Wesen und Auftrag, Ludwigshafen 1959, S. 89; ders.: Schicksalsweg, S. 117.

C) Zwischen Unterdrückung und Anpassung

1) Verfolgungsmaßnahmen

a) Verbote

aa) Im Bereich des VfG bzw. BFGD

Nach der „Machtergreifung" der Nationalsozialisten waren die meisten freireligiösen Gemeinden von einem Verbot bedroht. Aufgrund der vielfältigen personellen Verknüpfungen mit der Sozialdemokratie und der Zusammenarbeit mit den Freidenkerorganisationen mußten sie den neuen Machthabern weniger als religiöse Gemeinschaften, sondern eher als politische Gruppierungen erscheinen. Zunächst trafen die Verbote nur einzelne Gemeinden. Im Bereich des VfG, der nach mehrfachen Umbenennungen ab 1934 wieder den Namen BFGD annahm, zählte Bronder 11 Tätigkeitsverbote für Ortsgruppen, während 15 Ortsgruppen gänzlich aufgelöst wurden.[41] So wurde der Gemeinde in Ludwigshafen von der örtlichen Polizeibehörde untersagt, sich weiterhin zu betätigen.[42] Die Gemeinde in Frankenthal wurde auf Anordnung des dortigen Bürgermeisters aufgelöst. Auch die Gemeinde in Schweinfurth wurde verboten.[43] Das Schicksal der Gemeinden hing dabei von den Entscheidungen der örtlichen Stellen von Polizei und Verwaltung ab, so daß die einzelnen Gemeinden sehr unterschiedlich behandelt werden konnten.

Mit einer Verfügung vom 20. November 1934 verbot schließlich der preußische Ministerpräsident Hermann Göring den Bund Freireligiöser Gemeinden Deutschlands „einschließlich seiner sämtlichen Organisationen" in Preußen. Göring begründete diese Maßnahme damit, „Anhänger kommunistischer und marxistischer Parteien", darunter „eine große Anzahl ehemaliger Funktionäre der marxistischen Parteien und ihrer Nebenorganisationen", hätten sich den Gemeinden des Bundes angeschlossen und „sogar in Ortsgruppen Führerstellen" einge-

41 Bronder: Die Geschichte des Bundes Freireligiöser Gemeinden, S. 83.

42 Bahn: Deutschkatholiken und Freireligiöse, S. 235.

43 Archiv des Humanistischen Verbands Nordrhein-Westfalen, Bund Freireligiöser Gemeinden Deutschlands e. V. an das Reichsministerium des Inneren vom 17. Juni 1933, S. 2.

nommen. Der Bund entwickele sich „zu einer Auffangorganisation für die verschiedensten staatsfeindlichen Elemente" und ermögliche ihnen den „getarnten politischen Kampf gegen das heutige Regierungssystem und die nationalsozialistische Bewegung". Die Auflösung des Bundes sei damit „zum Schutz von Volk und Staat" und zur „Abwehr staatsfeindlicher Umtriebe und zur Aufrechterhaltung der öffentlichen Ordnung und Sicherheit" erforderlich.[44]

Kurz darauf folgte das Verbot der Freireligiösen Landesgemeinde in Bayern im Dezember 1934.[45] Am 26. Juni 1935 verbot Reichsstatthalter Mutschmann auch die Gemeinden in Sachsen.[46]

bb) Im Bereich des Verbandes Freireligiöser Gemeinden Deutschlands bzw. der Freien Religionsgemeinschaft Deutschlands

Nach Ansicht von Bahn und Nanko waren die südwestdeutschen Gemeinden im Gegensatz zu den Gemeinden des VfG bzw. BFGD eher bürgerlich ausgerichtet und weniger stark mit der Sozialdemokratie verknüpft. Da sie politischen Tendenzen weitgehend fernstanden, wurden sie von Verfolgungsmaßnahmen in geringerem Maß betroffen als die Gemeinden in Norddeutschland und Bayern.[47] Diese Position muß jedoch modifiziert werden. Denn auch in den südwestdeutschen Gemeinden waren Sozialdemokraten nicht nur in den Gemeinden vertreten, sondern übten auch Leitungsämter aus. Die Gemeinden des Verbandes Freireligiöser Gemeinden Deutschlands blieben aber weitgehend von Verboten verschont. Als Ausnahme ist die Freireligiöse Gemeinde in Hamburg zu nennen. Die Hamburger Gemeinde um den Gemeindeleiter Louis Satow gehörte ursprünglich zum BFGD, hatte sich aber 1934 der neugegründeten Freien Religionsgemeinschaft

---

44 Der Preußische Ministerpräsident - Chef der Geheimen Staatspolizei - an alle Staatspolizeistellen, Schreiben vom 20. November 1934, abgedruckt in: Wege ohne Dogma 1998, S. 59; Bronder: Die Geschichte des Bundes Freireligiöser Gemeinden, S. 86.

45 Bronder: Die Geschichte des Bundes Freireligiöser Gemeinden, S. 86; Steuerwald: Kritische Geschichte, S. 511.

46 Dietrich Bronder: Freireligiöse Bewegung und Politik, in: Die Freireligiöse Bewegung. Wesen und Auftrag, Ludwigshafen 1959, S. 270; Bronder: Die Geschichte des Bundes Freireligiöser Gemeinden, S. 86 f.

47 Bahn: Deutschkatholiken und Freireligiöse, S. 88; Nanko, Die Deutsche Glaubensbewegung, S. 39.

Deutschlands angeschlossen. Im Juli 1935 erfolgte das Verbot der Hamburger Gemeinde „wegen gesetzwidriger politischer Machenschaften".[48]

cc) Im Bereich der Freireligiösen Landesgemeinde Baden

In Baden erfolgten zunächst mehrere Verbote freireligiöser Gemeinden. Die Gemeinde in Karlsruhe wurde vom badischen Innenministerium, diejenige in Konstanz von der Polizeidirektion wegen „Kommunismus" verboten. Der badische Landesprediger Karl Weiß erreichte schließlich vom badischen Kultusminister Wacker die Zusicherung, daß die freireligiösen Gemeinden in Baden fortbestehen könnten. Auf Fürsprache des Kultusministeriums wurden die Verbote wieder aufgehoben.[49]

Letztlich wurde in Baden nur die Gemeinde in Freiburg durch den dortigen Oberbürgermeister verboten. Um sich vor einem drohenden Verbot zu schützen, hatte sich die Freiburger Gemeinde von der badischen Landesgemeinde getrennt und plante, sich der Deutschen Glaubensbewegung anzuschließen. Damit verlor sie aber auch die Unterstützung des Kultusministeriums, die Karl Weiß gewonnen hatte, und verfiel auf diese Weise dem Verbot, das sie vermeiden wollte.[50]

b) Sonstige Einschränkungen

In seiner Zusammenfassung zählte Bronder 23 Haussuchungen und 56 Beschlagnahmungen in Gemeinden des VfG bzw. BFGD. Das größte Aufsehen erregte dabei eine Aktion der SA in Leipzig, die am 09. März 1933 das Büro des VfG besetzte.[51] In 13 Fällen erfolgten Verbote für den Religionsunterricht der freireligiösen Gemeinden, in 11 Gemeinden wurden die jährlichen Jugendweihen (freireligiöse Konfirmationen) verboten.[52] Die staatlichen Zuschüsse, die verschiedene Gemeinden (in erster Linie als Unterstützung für den freireligiösen Religionsunterricht) zuvor erhalten hatten, wurden grundsätzlich gestri-

---

48 Gehrmann: Geschichte der Freireligiösen Gemeinde, S. 44; Pick: Schicksalsweg, S. 121.

49 Weiß: 125 Jahre Kampf, S. 171.

50 Weiß: 125 Jahre Kampf, S. 177.

51 Bronder: Die Geschichte des Bundes Freireligiöser Gemeinden, S. 83; Bronder: Freireligiöse Bewegung und Politik, S. 269.

52 Bronder: Die Geschichte des Bundes Freireligiöser Gemeinden, S. 83.

chen. So verlor die badische Landesgemeinde den jährlichen Staatszuschuß von 3500 RM, der ihr bisher vom Land Baden gewährt worden war.[53] Für die Freireligiöse Gemeinde in Frankfurt entfiel die Möglichkeit, sonntägliche Morgenfeiern im Rundfunk übertragen zu lassen. Zudem wurden der Gemeinde die zuvor vom Frankfurter Magistrat gezahlten Subventionen für den schulischen Religionsunterricht gestrichen.[54] Für die Frankfurter Gemeinde ist ein Briefwechsel erhalten geblieben, der die Umstände dieser Streichung erhellt. Am 07. Juli 1933 teilte die Schulbehörde der Stadt Frankfurt/M. der Gemeinde mit, daß der Magistrat „die in dem städt. Haushaltsplan für 1933/34 zur Unterstützung der freireligiösen Gemeinden eingestellten Beträge gestrichen" hatte.[55] Am 23. Februar 1934 beantragten Ältestenrat und Pfarrer in einem Schreiben an den Magistrat, „der Magistrat wolle beschließen, der Freireligiösen Gemeinde (gegr. 1845) die Kosten für ihren Religions-Unterricht aus städtischen Mitteln zu bewilligen". Sie erklärten, daß die Gemeinde „sich zu einem undogmatischen und wesenhaft deutschen Christentum und zum nationalsozialistischen Staat" bekenne. Das Schreiben wies außerdem darauf hin, die Gemeinde setze „für Ältestenrat, Pfarrer und Lehrer arische Abstammung voraus".[56] Oberbürgermeister Krebs beschied die Gemeinde in einem Schreiben vom 14. April 1934 dahingehend, daß der Freireligiösen Gemeinde „ein rechtlicher Anspruch auf Gewährung einer Subvention nicht zusteht".[57] Begründet wurde dies damit, daß „das Volksschulunterhaltungsgesetz in Preußen nur den Religionsunterricht der christlichen Bekenntnisse zu den ordentlichen Lehrgegenständen rechnet". In der Ausführungsanweisung zu diesem Gesetz seien die freireligiösen Gemeinden „als Anhänger der christlichen Bekenntnisse jedoch nicht

53 Bronder: Die Geschichte des Bundes Freireligiöser Gemeinden, S. 83; Weiß: 125 Jahre Kampf, S. 172.

54 Archiv der Unitarischen Freien Religionsgemeinde, Aus dem Protokoll der Gemeinde-Jahreshauptversammlung vom 27. März 1935, in: Jahresberichte 1918 - 1980 der Unitarischen Freien Religionsgemeinde, S. 25.

55 Archiv der Unitarischen Freien Religionsgemeinde, Die Schulbehörde der Stadt Frankfurt a. M. an die Freireligiöse Gemeinde Frankfurt a. M. vom 07. Juli 1933.

56 Archiv der Unitarischen Freien Religionsgemeinde, Freireligiöse Gemeinde Frankfurt a. M. an den Magistrat der Stadt Frankfurt a. M. vom 23 Februar 1934, S. 3.

57 Archiv der Unitarischen Freien Religionsgemeinde, Der Oberbürgermeister der Stadt Frankfurt a. M. an die Freireligiöse Gemeinde Frankfurt a. M. vom 14. April 1934, S. 3.

aufgeführt".[58] Der Ältestenrat beschloß deshalb am 02. Mai 1934, „im Hinblick auf den in unserem Grundgesetz deutlich zum Ausdruck gebrachten christlichen Charakter" der Gemeinde eine Ergänzung zu den Ausführungsbestimmungen des preußischen Volksschulunterhaltungssgesetzes beim preußischen Minister für Wissenschaft, Kunst und Volksbildung zu beantragen.[59] Da eine derartige Ergänzung aber nicht vorgenommen wurde, blieb es für die Frankfurter Gemeinde bei der Streichung der Zuschüsse.

In vielen freireligiösen Gemeinden wurden nach 1933 Umbesetzungen in den Vorständen vorgenommen. Funktionäre, die sich politisch kompromittiert hatten, wurden durch weniger mißliebige Personen ersetzt. So mußten im Vorstand der badischen Landesgemeinde der Vorsitzende L. Herkel und der Listenführer Karl Wehner wegen ihrer Zugehörigkeit zur Sozialdemokratie ihre Ämter aufgeben.[60]

c) Freireligiöse als Opfer nationalsozialistischer Verfolgung

Über die Beeinträchtigung der organisierten Gemeinden hinaus wurden Einzelpersonen, die freireligiösen Gemeinden angehörten, von Verfolgungsmaßnahmen betroffen. Die Quellenlage ist in diesem Zusammenhang besonders problematisch. Eine zusammenfassende Darstellung zu dem Thema exisitert nicht. Im Folgenden können daher nur einzelne Fälle als Beispiele für die Verfolgung von Freireligiösen durch das NS-Regime genannt werden. Im Bereich des VfG bzw. BFGD zählte Dietrich Bronder 80 polizeiliche Verhöre, 37 Verhaftungen und drei Einweisungen in Konzentrationslager.[61] Der Volksschullehrer und Sozialdemokrat Albert Heuer aus Hannover, der spätere Geschäftsführer des Deutschen Volksbunds für Geistesfreiheit, wurde aus dem Schuldienst entlassen und in einem Konzentrationslager inhaftiert.[62] Ebenfalls in Hannover wurde Gerhard von Frankenberg,

58 Ebenda, S. 5.

59 Archiv der Unitarischen Freien Religionsgemeinde, „Betr.: Zuschuß zu dem Religionsunterricht von Seiten der Stadt", S. 3.

60 Weiß: 125 Jahre Kampf, S. 170.

61 Bronder: Die Geschichte des Bundes Freireligiöser Gemeinden, S. 83.

62 Art. "Albert Heuer", in: Lexikon freireligiöser Personen, Rohrbach 1997, S. 73; Albert Heuer: Freigeist und Sozialdemokrat. Zum 100. Geburtstag des unvergessenen Mitbegründers des Deutschen Volksbundes für Geistesfreiheit, in: Kristall. Zeitschrift für Geistesfreiheit und Humanismus 1994, Nr. 1, S. 4.

früherer Gauführer des Reichsbanners Schwarz-Rot-Gold und nach dem Krieg langjähriger Präsident des Deutschen Volksbunds für Geistesfreiheit, nach dem Attentat vom 20. Juli 1944 verhaftet und in das KZ Neuengamme gebracht.[63] In Nürnberg wurde Richard Schramm, der Vorsitzende des örtlichen Bundes für Geistesfreiheit (zuvor „Freireligiöse Gemeinde"), verhaftet und anschließend im KZ Dachau interniert.[64] Auch Jakob Schneider aus der Gemeinde Iggelbach in der Pfalz wurde in Dachau eingeliefert.[65] Aus der Gemeinde Gladbeck wurden Otto Herzog und Gustav Unverricht in ein Konzentrationslager eingewiesen.[66] Anton Rosinke aus Dortmund wurde 1935 von der Gestapo verhaftet und ermordet.[67] Prominentestes Opfer des NS-Regimes in den Reihen der Freireligiösen war der badische Politiker Ludwig Marum. Marum, Sozialdemokrat jüdischer Abstammung, war 1918 badischer Justizminister und von 1919 bis 1928 Fraktionsvorsitzender der SPD im badischen Landtag. Von 1928 bis 1933 vertrat er die SPD im Reichstag. In Karlsruhe gehörte Ludwig Marum der Freireligiösen Gemeinde an und wirkte zeitweilig auch im Vorstand. 1933 wurde Ludwig Marum verhaftet und in das Konzentrationslager Kislau überführt, wo er 1934 ermordet wurde.[68]

---

63 Arnher E. Lenz: Vor 100 Jahren geboren: Gerhard von Frankenberg, in: Kristall. Zeitschrift für Geistesfreiheit und Humanismus 1992, Nr. 3, S. 5.

64 Steuerwald: Kritische Geschichte, S. 510; ders.: Die freigeistigen Bewegungen und der Nationalsozialismus. Vortrag beim Bund für Geistesfreiheit (bfg) Fürth K.d.ö.R. in Zusammenarbeit mit dem Humanistischen Bildungswerk (hbb) Bayern, Fürth 2002, S. 12.

65 Bahn: Deutschkatholiken und Freireligiöse, S. 236.

66 Helmut Kober: Leserbrief von Helmut Kober, in: Wege ohne Dogma 1998, S. 60.

67 Helmut Kober: Die freigeistige Bewegung im NS-Staat, in: Der Humanist 1979, S. 229.

68 Monika Pohl: Art. „Dr. Ludwig Marum", in: Lexikon freireligiöser Personen, Rohrbach 1997, S. 103 f.; Joachim W. Storck: Art. „Marum, Ludwig", in: Badische Biographien, N. F., Bd. 5, Stuttgart 1996, S. 198 ff.

2) Die Freireligiösen und die *Deutsche Glaubensbewegung*

Um ein Verbot zu vermeiden, wurde innerhalb der freireligiösen Gemeinden ab 1933 eine engere Zusammenarbeit oder sogar ein organisatorischer Zusammenschluß der Freireligiösen mit völkischen, „germanischen" oder „nordisch-religiösen" Gruppen diskutiert. Zur zentralen Gestalt dieser angestrebten Vereinigung wurde Jakob Wilhelm Hauer, Professor für Indologie an der Eberhard-Karls-Universität in Tübingen. Hauer, ehemals als evangelischer Missionar in Indien tätig, bemühte sich darum, einen vom Christentum unabhängigen „Deutschen Glauben" zu formulieren. Seit 1933 versuchte er, die vielfältigen kleinen und kleinsten Vereinigungen und Gruppen des völkisch-religiösen Spektrums zu einem gemeinsamen Verband zusammenzuschließen, der gegenüber Staat und Politik als „dritte Konfession" auftreten und die Rechte und Anliegen der Nichtchristen vertreten konnte. Über die Person Jakob Wilhelm Hauers und seine religiösen Motive informieren die ausführliche Biographie von Margarete Dierks (aus einer mit Hauer sympathisierenden Perspektive) sowie eine kurze Skizze von Karl Rennstich aus evangelischer Sicht.[69]

Sowohl der Verband freireligiöser Gemeinden Deutschlands als auch der BFGD zeigten zunächst ein lebhaftes Interesse an einem Zusammengehen mit der von Hauer initiierten *Deutschen Glaubensbewegung*. Eine solche Zusammenarbeit schien die Gefahr für die freireligiösen Gemeinden zu verringern, aus politischen Gründen verboten zu werden. Durch Hauers Ansehen bei der Staatsführung hoffte man, eine Rücknahme der bisherigen Einschränkungen erreichen und das Fortbestehen der Gemeinden sichern zu können. Das Anliegen Hauers, religiöse Bestrebungen außerhalb des Christentums in einer von den neuen Machthabern anerkannten Organisationsform zusammenzufassen, stieß bei den Gemeinden des BFGD daher ebenso wie auch unter den südwestdeutschen Freireligiösen zunächst auf Sympathien.[70]

---

69 Margarete Dierks: Jakob Wilhelm Hauer. 1881 - 1962. Leben, Werk, Wirkung, Heidelberg 1986; Karl Rennstich: Der Deutsche Glaube. Jakob Wilhelm Hauer (1881 - 1962): ein Ideologe des Nationalsozialismus, Stuttgart 1992.

70 Bronder: Die Geschichte des Bundes Freireligiöser Gemeinden, S. 85; Nanko: Die Deutsche Glaubensbewegung, S. 119 ff.; Ulrich Nanko: Nationale Sammlung jenseits der Kirchen. Die Deutsche Glaubensbewegung, in: Lutz Becht/Hermann Düringer/Ansgar Koschel: Rückkehr zur völkischen Reli-

Am 29. und 30. Juli 1933 fand in Eisenach eine Tagung von Verbänden und Einzelpersonen statt , die an der Gründung einer gemeinsamen „Deutschen Glaubensbewegung“ Interesse hatten. Neben Angehörigen verschiedener völkischer oder „nordisch-religiöser“ Gruppen waren auf dieser Tagung auch Vertreter der Freireligiösen beteiligt.[71]

Die freireligiösen Teilnehmer an der Eisenacher Tagung stammten aus allen drei bestehenden Verbänden. Aus dem Bereich des BFGD nahmen an der Tagung neben dem Vorsitzenden Georg Kramer aus Breslau und dem Geschäftsführer Carl Peter aus Leipzig auch die Prediger Ludwig Keibel aus Nürnberg, Erich Schramm aus Wiesbaden und Erich Tschirn aus Stettin teil. Die Pfarrer Georg Pick aus Mainz und Clemens Taesler aus Frankfurt sowie die Gemeindevorsteher August Höhle aus Frankfurt und August Raab aus Offenbach vertraten den Verband Freireligiöser Gemeinden. Für die badische Landesgemeinde beteiligten sich der Pforzheimer Prediger Georg Elling und der Gemeindevorsteher Rudolf Barber aus Heidelberg an der Tagung.[72]

Auf der Eisenacher Tagung wurde zunächst eine „Arbeitsgemeinschaft Deutsche Glaubensbewegung“ ins Leben gerufen und ein „Führerrat“ gewählt. Als Vertreter der Freireligiösen im Führerrat wurden der Prediger Georg Elling aus Pforzheim und der Philosoph Arthur Drews aus Karlsruhe bestimmt.[73]

Die Hoffnungen Hauers, die freireligiösen Verbände mit den völkischen Vereinigungen zusammenschließen zu können, wurden jedoch bald enttäuscht. Der Verband freireligiöser Gemeinden Deutschlands lehnte nach vorübergehendem Einverständnis ebenso wie die Freireligiöse Landesgemeinde Baden einen Beitritt ab.[74] Letztlich schloß sich nur der BFGD der „Deutschen Glaubensbewegung“ als förderndes Mitglied an, um durch ein Zusammengehen mit den völkisch-

---

gion? Glaube und Nation im Nationalsozialismus und heute, Frankfurt/M. 2003, S. 78 ff.

71 Nanko: Die Deutsche Glaubensbewegung, S. 143 ff.; ders.: Nationale Sammlung, S. 89.

72 Nanko: Die Deutsche Glaubensbewegung, S. 332 ff.; Weiß: 125 Jahre Kampf, S. 173.

73 Nanko, Die Deutsche Glaubensbewegung, S. 147 f.

74 Nanko, Die Deutsche Glaubensbewegung, S. 151 f.; ebd., S. 185 ff.

religiösen Gruppen einem Verbot zu entgehen.[75] Diese Zusammenarbeit wurde aber durch das Verbot des BFGD vom 20. November 1934 hinfällig.

Die Deutsche Glaubensbewegung erreichte ihrerseits niemals die Bedeutung einer „dritten Konfession" neben den Großkirchen, sondern blieb stets eine Splittergruppe, die noch dazu in sich zerstritten war. Die nationalsozialistische Staats- und Parteiführung nahm die Glaubensbewegung nicht ernst und ließ sich auch nicht darauf ein, sie mit politischen Mitteln zu fördern.[76] Ein vorübergehendes taktisches Interesse daran, die Glaubensbewegung in der Auseinandersetzung mit den Kirchen instrumentalisieren zu können, führte zu einem kurzlebigen Aufschwung. Zeitweilig gelang es der Deutschen Glaubensbewegung so, in schneller Folge neue Ortsgemeinden zu gründen. Die Mitgliederzahl der schließlich über dreihundert Gemeinden belief sich aber auf weniger als 10.000.[77]

In der Entwicklung der Deutschen Glaubensbewegung zeigte sich, daß die Hoffnungen auf eine Rettung der freireligiösen Gemeinden durch einen Anschluß an diese Bewegung unrealistisch waren. Die Einflußmöglichkeiten Jakob Wilhelm Hauers und sein Ansehen bei der Regierung und der NSDAP waren von den Freireligiösen weit überschätzt worden. Es gelang Hauer nicht, die Gemeinden des BFGD vor dem Verbot zu beschützen. Letzlich vermochte er seine Überzeugungen nicht einmal in der eigenen Organisation durchzusetzen, die innerhalb weniger Jahre wieder auseinanderfiel. Die erhoffte staatliche Unterstützung blieb aus und Hauer fand sich mit seinen Plänen zur Begründung einer dritten Konfession „getäuscht und abgeschoben".[78] Anstatt aber zur Massenbewegung aufzusteigen und die christlichen Kirchen allmählich zu verdrängen, diente die Deutsche Glaubensbewegung den staatlichen Stellen allenfalls als „Manövriermasse" in ihrer Auseinandersetzung mit den Kirchen.[79] Die Entscheidung der südwestdeut-

---

75 Bronder: Die Geschichte des Bundes Freireligiöser Gemeinden, S. 86; Der Jubiläums-Bundestag in Leipzig am 16. und 17. Juni, in: Deutsche Glaubenswarte 1934, S. 77.

76 Hans Buchheim: Glaubenskrise im Dritten Reich. Drei Kapitel nationalsozialistischer Kirchenpolitik, Stuttgart 1953, S. 167.

77 Buchheim: Glaubenskrise, S. 189.

78 Klaus Scholder: Das Jahr der Ernüchterung 1934. Barmen und Rom, Berlin 1985, S. 131.

79 Gerhard Besier: Kirche, Politik und Gesellschaft im 20. Jahrhundert, München 2000, S. 114.

schen Freireligiösen, auf eine Zusammenarbeit mit Hauer und der Deutschen Glaubensbewegung zu verzichten, hatte sich damit als richtig erwiesen.

3) Vom Volksbund für Geistesfreiheit zur Gemeinschaft *Deutsche Volksreligion*

Der Volksbund für Geistesfreiheit unternahm nach der „Machtergreifung" vielfältige Anstrengungen, um das drohende Verbot des Bundes und seiner Gemeinden abzuwenden. Innerhalb kurzer Zeit folgten mehrere Namensänderungen aufeinander. Zunächst erfolgte am 21. Mai 1933 die Umbenennung in *Deutscher Freireligiöser Bund*.[80] Auf der Bundesversammlung in Leipzig am 04. Juni 1933 nahm der Bund dann den Namen *Bund Freireligiöser Gemeinden Deutschlands* an. Georg Kramer wurde als Vorsitzender und Carl Peter als stellvertretender Vorsitzender und Geschäftsführer des Bundes gewählt.[81]

Bald aber erschien die frühere SPD-Mitgliedschaft Kramers als Belastung für den Bund, so daß Kramer zurücktrat und ein neuer Vorsitzender gesucht wurde, der gegenüber der Staatsführung eher auf Zustimmung stoßen könnte. Auf einer Bundesversammlung am 10. September 1933 wurde deshalb Jakob Wilhelm Hauer zum Vorsitzenden des Bundes gewählt. Nach einer erneuten Umbenennung führte der Bund jetzt die Bezeichnung *Bund der Gemeinden deutschen Glaubens*.[82]

Auf der Bundesversammlung am 16. und 17. Juni 1934 in Leipzig ergaben sich Auseinandersetzungen um Hauers Amtsführung. Da die Versammlung ihm das Vertrauen verweigerte, zog sich Hauer von der Leitung des Bundes zurück. Zunächst wurde kein neuer Vorsitzender als Nachfolger Hauers gewählt, sondern der Geschäftsführer Carl Peter kommissarisch mit den Aufgaben des Vorsitzenden betraut. Nochmals benannte sich der Bund auf der Leipziger Tagung in *Bund*

---

80 Bronder: Die Geschichte des Bundes Freireligiöser Gemeinden, S. 84; Der Deutsche Freireligiöse Bund, in: Die Geistesfreiheit 1933, S. 73.

81 Bronder: Die Geschichte des Bundes Freireligiöser Gemeinden, S. 84; Carl Peter: Aus dem Bund Freireligiöser Gemeinden, in: Die Geistesfreiheit 1933, S. 97.

82 Bronder: Die Geschichte des Bundes Freireligiöser Gemeinden, S. 85; Carl Peter: An unsere Bundesmitglieder! In: Deutsche Glaubenswarte 1933, S. 125.

Freireligiöser Gemeinden Deutschlands um.[83] Nach Hauers Rückzug aus dem Bundesvorstand erfolgte die Wahl von mehreren NSDAP-Mitgliedern in den Vorstand. Dazu gehörten der Leipziger Philosophieprofessor Ernst Bergmann, Wilhelm Klimmt und der SS-Standartenführer Dr. Eckhard. Ob auch Carl Peter in die NSDAP eintrat, ist umstritten.[84]

Nach dem Verbot vom 20. November 1934 in Preußen sah der Bundesvorstand keine Möglichkeit einer Weiterführung des BFGD. Am 06. Juni 1935 wurde der Bund Freireligiöser Gemeinden Deutschlands aufgelöst.[85] Danach bemühte sich Carl Peter, den Kontakt zwischen den ehemaligen Mitgliedern aufrechtzuerhalten und eine neue Organisationsstruktur für die Freireligiösen zu schaffen. 1935 übernahm Peter die Zeitschrift *Deutsches Werden*, die als organisatorischer Mittelpunkt einer Lesegemeinde dienen sollte, wobei Ernst Bergmann als Schriftleiter fungierte. Schließlich durfte am 29. August 1937 die *Gemeinschaft Deutsche Volksreligion* gegründet werden. Bergmann übernahm das Amt des Vorsitzenden, während Peter wiederum als Geschäftsführer der Gemeinschaft bestimmt wurde.[86] Ehemalige Freireligiöse, aber auch Anhänger völkisch-religiöser Vorstellungen sammelten sich in der neuen Vereinigung, so daß bis 1942 bereits 40 Gemeinden entstanden waren.[87] 1944 besaß die Gemeinschaft ca. 18.000 Mitglieder.[88]

4) Die Freie Religionsgemeinschaft Deutschlands

Die Gemeinden des Verbandes Freiereligiöser Gemeinden Deutschlands und die Freireligiöse Landesgemeinde Baden gründeten am 13. Mai 1934 in Offenbach die „Freie Religionsgemeinschaft Deutsch-

---

83 Bronder: Die Geschichte des Bundes Freireligiöser Gemeinden, S. 85; Der Jubiläums-Bundestag, S. 77.

84 Nanko, Die Deutsche Glaubensbewegung, S. 207; Bauer: Art. „Carl Peter", S. 118.

85 Bronder: Die Geschichte des Bundes Freireligiöser Gemeinden, S. 86; Steuerwald, Kritische Geschichte, S. 513.

86 Bronder: Die Geschichte des Bundes Freireligiöser Gemeinden, S. 87; Carl Peter: Die Gemeinschaft Deutsche Volksreligion gegründet, in: Deutsches Werden 1937, Nr. 9, S. 2.

87 Bronder: Die Geschichte des Bundes Freireligiöser Gemeinden, S. 87.

88 Bronder: Freireligiöse Bewegung und Politik, S. 270; Bronder: Die Geschichte des Bundes Freireligiöser Gemeinden, S. 88.

lands".[89] Über den bisherigen Verband der südwestdeutschen Gemeinden hinaus schlossen sich auch die Freireligiösen Gemeinden in Nordhausen und Hamburg sowie die Freiprotestanten in Rheinhessen der neuen Gemeinschaft an.[90]

Nach dem Verbot der Hamburger Gemeinde erschien der Fortbestand der Gemeinschaft nochmals bedroht. Die Pfarrer Pick aus Mainz, Taesler aus Frankfurt und Gehrmann aus Offenbach reisten daher im Juli 1935 nach Berlin, um dort im Kultusministerium und bei der Hauptleitung der Gestapo vorzusprechen. Es gelang ihnen, den religiösen, unpolitischen und staatstreuen Charakter der freireligiösen Gemeinden zu betonen und die Bedenken der staatlichen Stellen zu zerstreuen.[91] In der Folgezeit blieben die übrigen Gemeinden der Freien Religionsgemeinschaft weitgehend unbehelligt.

5) Die Freireligiöse Landesgemeinde Baden

In der badischen Landesgemeinde ereigneten sich ab 1933 zunächst schwere Auseinandersetzungen. Nachdem der badische Landesprediger Karl Weiß eine Verständigung mit dem badischen Kultusminister Wacker erzielt hatte, vertraute der Vorstand der Landesgemeinde um den Vorsitzenden Paul Lubberger darauf, daß die freireligiösen Gemeinden in Baden ungehindert fortbestehen könnten. Diese Ansicht wurde innerhalb der Landesgemeinde aber nicht allgemein geteilt. Eine Gruppe um den Pforzheimer Prediger Georg Elling und den Heidelberger Gemeindevorsteher Rudolf Barber befürwortete daher den Anschluß an die Deutsche Glaubensbewegung Hauers.[92] Schließlich spaltete sich die Freireligiöse Landesgemeinde zwischen den Befürwortern und Gegnern eines Anschlusses an die Deutsche Glaubensbewegung.[93] Die Gemeinden in Heidelberg, Karlsruhe und Pforzheim

---

89 Pick: Die Freie Religionsgemeinschaft Deutschlands, S. 90; ders.: Die Gründung der Freien Religionsgemeinschaft Deutschlands. Zur Tagung in Offenbach am Main am 13. Mai 1934, in: Freie Religion 1934, S. 83; Weiß: 125 Jahre Kampf, S. 177 f.

90 Pick: Die Gründung der Freien Religionsgemeinschaft Deutschlands, S. 89.

91 Gehrmann: Geschichte der Freireligiösen Gemeinde, S. 44; Pick: Schicksalsweg, S. 121 f.

92 Nanko: Die Deutsche Glaubensbewegung, S. 185 ff.

93 Nanko: Die Deutsche Glaubensbewegung, S. 188.

kehrten aber bereits nach kurzer Zeit wieder zur Landesgemeinde zurück.[94]

Nach der Auseinandersetzung mit der Deutschen Glaubensbewegung folgten Meinungsverschiedenheiten mit der Freien Religionsgemeinschaft Deutschlands. Bereits 1935 trennte sich die Landesgemeinde Baden deshalb wieder von der FRD, um seitdem unabhängig weiterzubestehen. Dadurch verlor sie aber die Gemeinde in Karlsruhe, die bei der FRD verblieb.[95]

Nachdem die badische Landesgemeinde diese Streitigkeiten ausgetragen hatte, konnte sie weitgehend unbehindert fortbestehen. In der Folgezeit erfolgten lediglich kleinere Schikanen wie die Beschlagnahmung eines als Gemeindebüro dienenden Wohnzimmers.[96]

---

94 Weiß: 125 Jahre Kampf, S. 177.

95 Weiß: 125 Jahre Kampf, S. 185.

96 Weiß: 125 Jahre Kampf, S. 201.

D) Freie Religion im Nationalsozialismus - Themen und Inhalte

1) Freie Religion und Politik

Bereits in der Gründungszeit der freireligiösen Gemeinden spielte die Politik eine bedeutende Rolle bei der Gemeindebildung, und die enge Verbindung zwischen den Gemeinden und liberal bzw. demokratisch eingestellten politischen Vereinigungen stellte die Freireligiösen nach der Niederschlagung der Revolution von 1848/49 vor beträchtliche Schwierigkeiten.[97] Die enge Verbindung zwischen den freireligiösen Gemeinden und der Arbeiterbewegung, die sich im späten Kaiserreich und der Weimarer Republik herausgebildet hatte, bildete nach der "Machtergreifung" der Nationalsozialisten eine schwere Belastung der Gemeinden.

a) Die „unpolitische Haltung" der Freireligiösen

Aus diesem Grund bemühten sich viele der freireligiösen Gemeinden zunächst darum, als unpolitische Vereinigungen zu erscheinen, die ausschließlich auf religiösem Gebiet tätig seien. Insbesondere aus dem Jahr 1933 lassen sich derartige Aussagen für unterschiedliche Gemeinden belegen.

In besonderem Maße trifft dies für den VfG bzw. BFGD zu, der unter der Drohung des Verbots wiederholt auf seine unpolitische Haltung verwies. Der Volksbund für Geistesfreiheit betonte, daß er „von keiner Partei abhängig ist und keine Parteipolitik treibt". Er versicherte die neuen Machthaber „seiner vollkommenen Neutralität und seiner Unabhängigkeit von politischen Parteien".[98] Nach der Umbenennung wiederholte der BFGD diese Beteuerungen. Er habe es „sorgfältig vermieden ..., sich von irgendeiner politischen Partei abhängig zu machen". Für die Zukunft versprach der BFGD, er werde sich „nicht in den politischen Parteikampf mischen".[99] Die freireligiösen Gemeinden

---

97 Volker Pitzer: Politik, in: Religion ohne Kirche. Die Bewegung der Freireligiösen. Ein Handbuch, 2. Aufl., Stuttgart 1979, S. 127 ff.

98 Die neue Lage, in: Die Geistesfreiheit 1933, S. 51.

99 Der Deutsche Freireligiöse Bund, S. 74 f.

seien grundsätzlich „politisch neutral".[100] Der Geschäftsführer Carl Peter betonte, der BFGD habe „niemals Parteipolitik getrieben" und trage „staats- und volkserhaltenden Charakter".[101] Peter bestritt nachdrücklich, „daß auch nur eine Gemeinde sich politisch betätigt hat.[102] Der Bund für Geistesfreiheit (Freireligiöse Gemeinde) in Nürnberg erklärte in einem Flugblatt (wahrscheinlich vom Herbst 1933), die Gemeinde habe sich „niemals auf eine politische Meinung festgelegt". Wegen dieser „von ihm streng beobachteten unpolitischen Haltung" habe sich der BfG Nürnberg auch niemals „an öffentlichen Demonstrationen politischer Parteien" beteiligt.[103]

Die Freireligiöse Gemeinde in Frankfurt betonte, „stets jede Parteipolitik streng von sich fern gehalten" zu haben. In ihrer Verfassung lehnte sie es ausdrücklich ab, „das Programm einer politischen Partei zu vertreten".[104] Der Frankfurter Pfarrer Clemens Taesler forderte dementsprechend eine „unbedingte politische Neutralität" von Seiten der freireligiösen Gemeinden.[105] Auch die Freichristliche (Freireligiöse) Gemeinde in Offenbach verpflichtete sich auf eine „unbedingte politische Neutralität".[106] Ebenso erklärte die Freireligiöse Gemeinde in Pforzheim, sie habe grundsätzlich „mit Politik und Parteiwesen nichts zu tun".[107] Der Mainzer Pfarrer Georg Pick grenzte die Tätigkeit der freireligiösen Gemeinden in doppelter Weise von der Politik ab. Zum einen verwies er darauf, es sei „nicht Sache einer religiösen Gemeinde,

---

100 Staat und Religion, in: Deutsche Glaubenswarte 1934, S. 113.

101 Carl Peter: Die Freireligiösen. Eine Klarstellung des Bundes Freireligiöser Gemeinden Deutschlands, Leipzig 1933, S. 20; ders.: 75 Jahre Bund Freireligiöser Gemeinden. Blick in die Geschichte einer Bewegung, Leipzig 1934, S. 15 f.

102 Peter: 75 Jahre Bund Freireligiöser Gemeinden, S. 18.

103 Zur Aufklärung über den Bund für Geistesfreiheit (Freireligiöse Gemeinde) Nürnberg. (Körperschaft öffentlichen Rechts), Nürnberg 1933, S. 1.

104 Die Frankfurter Freireligiöse Gemeinde, in: Mitteilungsblatt der Freireligiösen Gemeinde Frankfurt, Nr. 10, August - September 1933, S. 1; Verfassung der Freireligiösen Gemeinde Frankfurt a. M. (gegr. 1845), Körperschaft des Öffentlichen Rechts, Frankfurt/M. 1934, S. 3.

105 Clemens Taesler: Von freireligiösem Wollen, in: Freie Religion 1933, S. 42.

106 Verfassung der Freichristlichen (Freireligiösen) Gemeinde Offenbach am Main, Offenbach/M. 1933, S. 2.

107 Georg Elling: Ziele der Freireligiösen Gemeinde Pforzheim, in: Freie Religion 1933, S. 79.

Politik zu gestalten".[108] Zum anderen behauptete Pick aber auch die Unabhängigkeit religiöser Gemeinschaften von staatlicher Kontrolle, weil die „Politiker in religiösen Dingen ganz und gar unzuständig" seien.[109]

Diese Aussagen zeigen, wie sowohl Gemeinden wie der BfG in Nürnberg, die im VfG eine freidenkerisch-atheistische und vehement antiklerikale Richtung verfolgt hatten, als auch die verhältnismäßig konservativ eingestellten Gemeinden Südwestdeutschlands sich vor dem drohenden Verbot zu schützen suchten, indem sie eine strikte Abgrenzung zwischen Politik und Religion vornahmen und sich damit der staatlichen Einflußnahme zu entziehen suchten. Auffällig ist dabei die Aussage Georg Picks, der eine staatliche Einmischung in religiöse Angelegenheiten als Kompetenzüberschreitung zurückwies.

b) Die Beziehung zum Staat

Vielfältig sind die freireligiösen Treuebekundungen gegenüber dem neuen Staat. Der BFGD betonte seinen „staats- und volkserhaltenden Charakter".[110] Das *Deutsche Werden* forderte anläßlich der Wahl am 10. April 1938 dazu auf, „ein geschlossenes Bekenntnis zum Staate Adolf Hitlers" abzulegen.[111] Ernst Bergmann betonte, daß die Freireligiösen „mit unserer artgemäßen Weltanschauung und Religion" auf dem Boden des nationalsozialistischen Staates ständen.[112] Die Freireligiöse Gemeinde Frankfurt erklärte, sie stehe „treu zu Vaterland und Regierung".[113] In den Freireligiösen Gemeinden sah der Frankfurter Pfarrer Taesler „freie Gemeinschaftsbildungen, die sich Volksgemeinschaft und Staat willig und bewußt einordnen".[114] Auch Max Gehrmann betonte die „Notwendigkeit eines Bekenntnisses zum nationalsozialistischen Staat". Dieses Bekenntnis müsse „100%ig sein". Freireligiöse

---

108 Georg Pick: Aufbau, in: Freie Religion 1933, S. 49.

109 Georg Pick: "Glaubst du an Gott?" Die freie Religion umkreist von der Politik, in: Freie Religion 1933, S. 45.

110 Peter: Aus dem Bund Freireligiöser Gemeinden, S. 99.

111 Heimkehr ins Reich, in: Deutsches Werden 1938, Nr. 4, S. 1.

112 Ernst Bergmann: Ein Jahr Gemeinschaft Deutsche Volksreligion, in: Deutsches Werden 1938, Nr. 8, S. 1.

113 Die Frankfurter Freireligiöse Gemeinde, S. 1.

114 Clemens Taesler: Die Daseinsberechtigung der freien religiösen Gemeinden, in: Mitteilungsblatt der Freien Religionsgemeinschaft Deutschlands, September 1941, S. 2.

sollten „dem Staate geben, was des Staates ist". Dies bedeutete für Gehrmann nichts weniger, als daß die Freireligiösen den nationalsozialistischen Staat „rückhaltlos bejahen" müßten.[115] Auch für Georg Pick war die freie Religion „dem Politischen eingeordnet, nicht nebengeordnet".[116] Religion könne nicht „außerhalb des Politischen stehenbleiben und einen Bezirk für sich beanspruchen".[117] Ganz ähnlich definierte Armin Licht die freireligiösen Gemeinden „als ein Stück, als eine Seite der politischen Bewegung des neuen Deutschland".[118] Für die Freireligiösen gebe es "keine innere Möglichkeit, unser religiöses Leben außerhalb dieses Neubaus der deutschen Volkskultur zu stellen", vielmehr sei die freie Religion "ein Teil dieses Ganzen".[119] Folgerichtig legte die Freie Religionsgemeinschaft Deutschlands auf ihrem Gemeinschaftstag in Mainz am 21. Juli 1935 Ausführungsbestimmungen zu ihrer Verfassung fest, wonach sich die Gemeindevorstände bzw. Ältestenräte verpflichteten, „die Gemeinden in Treue zum nationalsozialistischen Staat, seinen Gesetzen und Zielen" zu leiten.[120] Die *Freie Religion* forderte vor der Wahl vom 10. April 1938 die Freireligiösen auf: „Der Freireligiöse stimmt am 10. April mit Ja! Für den Führer! Für unser Volk!"[121] Die Gemeinde in Offenbach verlangte in ihrer Verfassung von 1939, die Gemeinde sei „in Treue zum nationalsozialistischen Staat zu leiten".[122] Die Freireligiöse Landesgemeinde in Baden sah sich „im Dienste der nationalen Erneuerung".[123]

Diese Beispiele zeigen deutlich, wie sich die Position der freireligiösen Gemeinden innerhalb kurzer Zeit gewandelt hatte. Nachdem die Freireligiösen zuerst eine unpolitische Haltung in Anspruch genommen

---

115 Max Gehrmann: Freie Religion und Staat, in: Freie Religion 1935, S. 130 f.

116 Georg Pick: Ein Briefwechsel über "Die Religion der freien Deutschen", in: Freie Religion, S. 141.

117 Pick: Unsere Deutschen Propheten, S. 3.

118 Armin Licht: Politik und Religion, in: Freie Religion 1936, S. 9.

119 Licht: Politik und Religion, S. 10.

120 Ausführungsbestimmungen zur Verfassung der "Freien Religionsgemeinschaft Deutschlands" (FRD.), beschlossen am 21. Juli 1935 zu Mainz, in: Freie Religion 1936, S. 11.

121 Zur Wahl am 10. April, in: Freie Religion 1938, S. 62.

122 Verfassung der Freien Religionsgemeinschaft Deutschlands, Gemeinde Offenbach a. Main, Offenbach 1941, S. 3.

123 Verfassung der Freireligiösen Landesgemeinde Badens, Mannheim 1933, S. 3; Karl Weiß: Der Nationalsozialismus und die Religionsgemeinschaften, in: Mitteilungsblatt der Freireligiösen Landesgemeinde Baden 1939, Nr. 7, S. 3.

und eine scharfe Trennung zwischen dem religiösen und dem politischen Bereich propagiert hatten, wich diese Argumentationslinie bald einer Einordnung in die neuen politischen Verhältnisse. Nicht mehr die Abgrenzung von aller Politik wurde betont, sondern die bereitwillige Beteiligung der freireligiösen Gemeinden an der „politischen Bewegung des neuen Deutschland" herausgestellt.

c) Volk und Volksgemeinschaft

Ebenso häufig wie die Beteuerungen einer unpolitischen Haltung und die Bekundungen einer staatstreuen Haltung waren bereits zu Beginn der nationalsozialistischen Herrschaft die Bekenntnisse zur Treue gegenüber dem deutschen Volk und der „deutschen Volksgemeinschaft".

Der BFGD sah sich im „Dienste der deutschen Volksgemeinschaft".[124] Die Freireligiöse Gemeinde Frankfurt betonte ihre „Verbundenheit mit der deutschen Volksgemeinschaft".[125] Die Gemeinde stehe auf dem Boden „des deutschen Volkstums".[126] Der Frankfurter Pfarrer Clemens Taesler führte aus, freie Religion verwirkliche sich „besonders dadurch, daß wir uns immer bewußter verbunden fühlen mit unsrer deutschen Volksgemeinschaft, mit unserm Volke und Vaterlande". Die Konfirmanden der Gemeinde forderte Taesler dementsprechend auf, „treue Glieder der großen deutschen Volksgemeinschaft" zu werden und stets „im Heil des ganzen Volkes euer eigenes Heil" zu suchen.[127] Der Offenbacher Pfarrer Max Gehrmann erklärte, seinem Volk sei „der Mensch mit organischer Unlösbarkeit eingegliedert". Daher gebe erst das Volk „dem Einzelleben letzten und heiligen Sinn".[128] Ähnlich formulierte es Hermann Schwarz, der das Heil der „deutschen Seele" darin sah, „ihre Liebe zum Volkstum im Lichte der Ewigkeit zu sehen".[129] A. Döhr verstand die „Volksganzheit" als „eine Offenbarung des Welt-

---

124 Satzung des Bundes Freireligiöser Gemeinden Deutschlands, in: Die Geistesfreiheit 1933, S. 98.

125 Verfassung der Freireligiösen Gemeinde Frankfurt, S. 3.

126 Verfassung der Freireligiösen Gemeinde Frankfurt, S. 1.

127 Clemens Taesler: Unsere deutsche freie Religion als Gesinnung und Tat. Konfirmations-Predigt, Mainz 1940, S. 9.

128 Max Gehrmann: Die Religion der freien Deutschen, in: Freie Religion 1937, S. 68.

129 Hermann Schwarz: Deutsches Ewigkeitsbewußtsein, in: Hermann Schwarz/Georg Pick/Johannes Keuchel: Deutsche Religion in Gegenwart und Zukunft, Mainz 1939, S. 11.

Weltgeistes". Es handele sich dabei um die „objektive Erscheinung Gottes". Damit wurde das Volk zum Glaubensinhalt. Konsequent verlangte Döhr ein „religiöses Verhältnis des Volksgenossen zum Volk".[130]

Der Mainzer Pfarrer Georg Pick sah ein „höchstes Glück" für die Freireligiösen darin, dem „ganzen Volke verbunden zu sein".[131] Für die freireligiösen Gemeinden gebe es „kein anderes Ziel, als mitzuwirken an der Verwirklichung echter Volksgemeinschaft unter der Führung Adolf Hitlers".[132] Vom deutschen Volk sprach Pick als der „letzten großen Einheit, die sich über dem deutschen Menschen zusammenschließt".[133] Die freie Religion finde „ihre Vollendung nicht im einzelnen Menschen, sondern im Volk".[134] Das Volk sei ein „Mysterium".[135] Deshalb stelle es für die Freireligiösen die „höchste Offenbarung" dar.[136] Pick sprach vom „Volksganzen" als der „höchsten Erscheinungsform des Göttlichen in der Welt" oder von „dem im Volke sich offenbarenden Gott".[137] Das Volk sei dazu berufen, die „große Offenbarung Gottes" zu sein.[138] In der Gegenwart dürfe der Deutsche darum „nicht mehr im eigenen Ich das Zentrum der Offenbarung des Göttlichen" erblicken, „sondern in seinem Volk".[139] Nichts sei daher für den Deutschen so „gotterfüllt wie sein Volk".[140] Im Volk werde der „Sinn seines Lebens erst begründet".[141] Pick erwartete dementsprechend im nationalsozialistischen Staat das Ideal einer „völkischen Gemeinschaft, wo das Volk über dem Menschen stehen" werde.[142] Weil „Gott im

---

130 A. Döhr: "Volk" im religiösen Verhältnis, in: Freie Religion 1936, S. 121.

131 Georg Pick: Das Wesen der Freien Religion. Leitsätze freireligiösen Glaubens. Bekenntnis der freireligiösen Weihejugend in Fragen und Antworten, 2. Aufl., Mainz 1934, S. 9.

132 Georg Pick: Der Gemeinschaftstag der FRD vom 24. Mai in Karlsruhe, in: Freie Religion 1936, S. 84.

133 Pick: Die Religion der freien Deutschen, S. 296.

134 Pick: Die Religion der freien Deutschen, S. 335.

135 Pick: Die Religion der freien Deutschen, S. 9.

136 Pick: Die Religion der freien Deutschen, S. 343.

137 Pick: Die Religion der freien Deutschen, S. 297.

138 Pick: Die Religion der freien Deutschen, S. 322.

139 Pick: Die Religion der freien Deutschen, S. 73.

140 Pick: Die Religion der freien Deutschen, S. 327.

141 Pick: Die Religion der freien Deutschen, S. 349.

142 Pick: Die Religion der freien Deutschen, S. 295.

Volk"erschiene, deklarierte Pick die „Idee der Volksgemeinschaft" als „religiöses Heiligtum".[143] Die „Arbeit an der Gestaltwerdung des neuen Individuums Volk" betrachtete er als eine „göttliche Sendung".[144]

Diese Zitate zeigen, wie innerhalb weniger Jahre die Aussagen von Vertretern der Freireligiösen sich wandelten - von möglicherweise opportunistischen Treuebekenntnissen, um dem Verbot zu entgehen, zu einer religiösen Aufladung des Begriffes der Volksgemeinschaft bis hin zu einer „Offenbarung" und einem „Heiligtum".

d) Die Bewertung des Nationalsozialismus

Hermann Schwarz bekannte sich in der *Freien Religion* ausdrücklich „als Nationalsozialist".[145] Andere Vertreter der freireligiösen Gemeinden waren aber entweder keine Parteimitglieder oder sie stellten ihre Mitgliedschaft nicht so offen heraus, wie Schwarz es tat. Carl Peter behauptete zwar, es befänden sich „hervorragende Vertreter der nationalsozialistischen Idee in unseren Reihen", nannte aber keine Namen.[146] Bei aller Anpassung an den neuen Staat blieb das ausdrückliche Bekenntnis, Nationalsozialist zu sein, in den Reihen der Freireligiösen somit eine Ausnahme. Dies hinderte aber nicht daran, den Nationalsozialismus als Weltanschauung positiv darzustellen und eine enge Beziehung zwischen Nationalsozialismus und freier Religion herzustellen.

So beschrieb Ernst Bergmann den Nationalsozialismus als einen „politischen Glauben", der einen „sittlich-religiösen Charakter" aufweise.[147] Insbesondere Georg Pick setzte sich ausführlich mit der nationalsozialistischen Weltanschuung auseinander. Auch er kam dabei zu einer sehr positiven Wertung. Der Nationalsozialismus zeigte sich nach Picks Ansicht als ein „bewundernswerter Radikalismus", wodurch der „unwiderstehliche Strom der völkischen Neuschöpfung" ermöglicht

---

143 Pick: Die Religion der freien Deutschen, S. 288.

144 Pick: Die Religion der freien Deutschen, S. 249.

145 Hermann Schwarz: Deutscher Glaube, in: Freie Religion 1938, S. 133.

146 Peter: 75 Jahre Bund Freireligiöser Gemeinden, S. 19.

147 Ernst Bergmann: Brauchen wir eine deutsche Religion? In: Deutsches Werden 1941, Nr. 10/11, S. 1.

werde.[148] Der Nationalsozialismus erfülle damit die „Forderung des Lebens".[149]

Im Gegensatz zu den kirchlichen Traditionen basiere er auf der „Grundlage wissenschaftlichen Denkens" und sei somit „im wissenschaftlichen Weltbild" verankert. Aus seiner „Verbundenheit mit der Natur" und der Befürwortung eines „gesunden tapferen Lebensgefühls" heraus erachte der Nationalsozialismus den menschlichen Körper „für heilig" und habe folgerichtig „die Idee der Rasse in den Mittelpunkt gestellt". Weil er die „Gestaltung dieser Welt" aus der „Keimkraft germanisch-deutschen Wesens" heraus zu entwickeln suche, richte der Nationalsozialismus „all sein Denken und Wollen auf die Nation". Deshalb erstrebe er die Durchsetzunge „sozialer Staatsordnung und Lebensführung" auf der Grundlage einer „gottgläubigen Gesinnung".[150]

Pick hoffte darauf, im nationalsozialistischen Staat werde „im Lauf der Zeit alles das geschaffen werden, was dem Wesen unseres Volkes entspricht". Andererseits erwartete er, es werde demgegenüber „alles ausgemerzt werden, nicht allein, was ihm schädlich ist, sondern was keinen positiven Beitrag für das Gesamtleben besitzt".[151]

Die Bedeutung der freien Religion in Bezug auf den Nationalsozialismus charakterisierte Pick als diejenige einer „dem Nationalsozialismus eingebauten Religion". Die „Substanz der Frömmigkeit" freier Religion gehe aus „derselben Quelle wie die der Politik" hervor.[152]

Daher könne es für die freireligiösen Gemeinden auch „keine andere Politik als die nationalsozialistische" geben.[153] Jeden Versuch, „religiöses Leben außerhalb der nationalsozialistischen Weltanschauung oder

---

148 Pick: Die Religion der freien Deutschen, S. 18.

149 Pick: Die Religion der freien Deutschen, S. 71.

150 Georg Pick: Die religiöse Lage. Auszug aus der Rede des Vorstehers der Freien Religionsgemeinschaft Deutschlands, Dr. Georg Pick, zum Gemeinschaftstag 1939 zu Offenbach/M., in: Hermann Schwarz/Georg Pick/Johannes Keuchel: Deutsche Religion in Gegenwart und Zukunft, Mainz 1939, S. 6; ders.: Die Freie Religionsgemeinschaft Deutschlands in der religiösen Entwicklung der Gegenwart. Auszug aus der Rede des Gemeinschaftsvorstehers Dr. Georg Pick auf dem Gemeinschaftstag der FRD. am 6. September 1941 in Mainz, in: Freie Religion 1941, S. 96.

151 Pick: Die religiöse Lage, S. 5.

152 Pick: Ein Briefwechsel über "Die Religion der freien Deutschen", S. 142.

153 Pick: Der Gemeinschaftstag der FRD, S. 84.

gegen sie" gestalten zu wollen, erklärte Pick für „Blindheit und Wahnsinn".[154]

Aus dem Vergleich zwischen der nationalsozialistischen Weltanschauung und den Überzeugungen der freireligiösen Gemeinden zog Pick die Schlußfolgerung, der Nationalsozialismus erstrebe „vom Politischen her, was wir vom Religiösen her erstreben".[155] Die innere und äußere Entwicklung des nationalsozialistischen Staates war für Pick ein „geschichtlicher Vorgang", der „zu dem hindrängt, was wir sind und wollen".[156] Die nationalsozialistische Regierung sei „im Begriffe, von staatswegen zu verwirklichen für das ganze Volk, was wir gefordert und in unserem kleinen Kreis gepflegt haben". Dadurch werde sie das deutsche Volk „hinausführen zu einer positiven Lebensgestaltung" und auf diese Weise das „verwirklichen, was wir mit den uns zugänglichen Mitteln im kleinen Kreis vorgelebt haben".[157]

Der Offenbacher Pfarrer Max Gehrmann kam zu einer ähnlich positiven Bewertung des Nationalsozialismus wie Pick. Gehrmann erklärte, in der nationalsozialistischen Weltanschauung „vollzieht sich des deutschen Volkes Heimkehr zum Urboden seiner Seele".[158] Deshalb sei die politische wie die religiöse Einigung Deutschlands nur „aus der Grundkraft des Nationalsozialismus" heraus möglich.[159] Folgerichtig könne religiöses Leben nur „im Einklang mit der nationalsozialistischen Weltanschauung gestaltet werden".[160]

Ähnlich wie Gehrmann erklärte es der badische Landesprediger Karl Weiß zur Aufgabe der freireligiösen Gemeinden, „Religion und Sitt-

---

154 Pick: Die Freie Religionsgemeinschaft Deutschlands in der religiösen Entwicklung, S. 95.

155 Pick: Die Freie Religionsgemeinschaft Deutschlands in der religiösen Entwicklung, S. 96.

156 Pick: Die religiöse Lage, S. 4.

157 Pick: Die Freie Religionsgemeinschaft Deutschlands in der religiösen Entwicklung, S. 97 f.

158 Max Gehrmann: Freie Religionsgemeinschaft Deutschlands. Zusammenfassung der Leitgedanken ihrer Bildungsarbeit, Mainz 1939, S. 21.

159 Max Gehrmann: Wozu sind wir auf Erden? Predigt zur Jugendweihe am Osterfest, Mainz 1941, S. 14.

160 Max Gehrmann: Der Gemeinschaftstag der FRD., in: Mitteilungsblatt der Freien Religionsgemeinschaft Deutschlands, Oktober 1941, S. 2.

lichkeit... im Boden der nationalsozialistischen Weltanschauung zu verankern".[161]

Wie der Nationalsozialismus insgesamt eine positive Deutung erfuhr, so wurden auch einzelne Vertreter einer nationalsozialistischen Weltanschauung als Vorbilder propagiert. An erster Stelle stand hierbei der „Parteiphilosoph" der NSDAP, Alfred Rosenberg. Clemens Taesler zählte Rosenberg und den Schriftsteller Dietrich Eckart zu den Vorbildern der Freireligiösen. Rosenberg galt ihm als „ein Bahnbrecher deutscher freier Religion".[162] Auch Max Gehrmann nannte Rosenberg als Vorbild und äußerte sich über sein bekanntestes Buch „Der Mythus des 20. Jahrhunderts" sehr positiv.[163] Georg Pick schließlich wertete Rosenbergs „Mythus" als eine „bahnbrechende kulturphilosophische Weltschau".[164]

Selbst das Symbol der freireligiösen Gemeinden, das Ring- oder Sonnenkreuz, wurde in die positive Bewertung des Nationalsozialismus mit einbezogen und mit dem nationalsozialistischen Hakenkreuz in Bezug gesetzt. Georg Pick behauptete, das Ringkreuz der Freireligiösen stelle gegenüber dem politischen Symbol des Nationalsozialismus eine „spezielle religiöse Form" des Hakenkreuzes dar.[165] Ursprünglich sei das nationalsozialistische Hakenkreuz sogar „aus dem Sonnenkreuz hervorgegangen".[166]

Aus der „unpolitischen Haltung" und der strikten Grenzziehung zwischen Politik und Religion erwuchs innerhalb weniger Jahre eine vollständige Identifikation zwischen Nationalsozialismus und den Inhalten freier Religion - oder dem, was davon übriggeblieben war. Die ungeschickten Versuche, das Symbol des Nationalsozialismus aus

---

161 Weiß: Der Nationalsozialismus und die Religionsgemeinschaften, S. 3.

162 Taesler: Unsere deutsche freie Religion, S. 8; Gemeinde-Veranstaltungen 1. bis 29. September 1935, in: Mitteilungsblatt der Freireligiösen Gemeinde Frankfurt, Nr. 28 vom 28. August 1935, S. 1.

163 Gehrmann: Freie Religionsgemeinschaft Deutschlands. Zusammenfassung, S. 21; ders.: Die Religionsfrage im Dritten Reich. Gedanken aus Alfred Rosenbergs Buch "Der Mythus des 20. Jahrhunderts", in: Freie Religion 1934, S. 57 ff.

164 Pick: Die Religion der freien Deutschen, S. 63.

165 Pick: Die Religion der freien Deutschen, S. 332.

166 Georg Pick: Das Sonnenkreuz als Symbol der Freien Religion, in: Freie Religion 1934, S. 66; Niddi Belz: Arbeitstagung der FRD. vom 14. - 17. August in Ober-Ingelheim, in: Freie Religion 1936, S. 140.

dem freireligiösen Sonnenkreuz abzuleiten, bestätigen diese angestrebte Gleichsetzung. Die nationalsozialistische Weltanschauung sollte als folgerichtige Fortsetzung einer - stark uminterpretierten - freireligiösen Tradition erscheinen. Die Auseinandersetzungen und Verfolgungsmaßnahmen nach der „Machtergreifung" der Nationalsozialisten wurden ignoriert, jeder Antagonismus zwischen Nationalsozialismus und freier Religion geleugnet.

e) Die Freireligiösen und der „Führer"

Die politischen Entscheidungen sowie die Person Adolf Hitlers wurden von Freireligiösen teilweise emphatisch gefeiert. Ernst Bergmann erklärte nach der Münchner Konferenz 1938, daß jeder Deutsche „dankbar und bewundernd auf die Tat des Führers blicke". Hitler habe „Großes und geschichtlich Einzigartiges für unser Volk und Vaterland erreicht".[167] Nach dem Einmarsch in die Tschechoslowakei 1939 sprach Bergmann von einer „geschichtlich einzigartigen Tat, die wir der Entschlußkraft des Führers verdanken".[168] Der Zweite Weltkrieg war für Bergmann ein „heiliger Krieg". Er feierte den Sieg über den „Feind im Osten, das Analphabetenvolk der Polen", das „wie durch einen Blitzstrahl vernichtet worden" sei. „So unvorstellbar groß ist, was Adolf Hitler seinem deutschen Volk in knapp zwei Jahren geschenkt hat".[169] Auch während des Krieges blieb Bergmann bei seiner Bewunderung für den „großen Führer" und das „einmalige geschichtliche Verdienst" Adolf Hitlers.[170]

Wurde einerseits Hitler als Held gefeiert, so wurden andererseits dessen Gegner diffamiert. Carl Peter verurteilte das Attentat Georg Elsers gegen Hitler im Münchener Bürgerbräukeller vom 08. November 1939 als Beispiel eines „furchtbaren Verbrechens" und „ausgereifte Saat einer Verbrecherclique".[171]

---

167 Ernst Bergmann: Großdeutschland, in: Deutsches Werden 1938, Nr. 11, S. 1.

168 Ernst Bergmann: Böhmen und Mähren, in: Deutsches Werden 1939, Nr. 4, S. 1.

169 Ernst Bergmann: Die Wiederherstellung des Reichs, in: Deutsches Werden 1939, Nr. 11, S. 2.

170 Ernst Bergmann: Blick ins Zeitgeschehen, in: Deutsches Werden 1940, Nr. 10, S. 1; ders.: Brauchen wir eine deutsche Religion, S. 1.

171 Carl Peter: Das Münchener Attentat, in: Deutsches Werden 1939, Nr. 12, S. 2.

Max Gehrmann sah die Freireligiösen „in treuer Gefolgschaft des Führers“.[172] Ausführlicher beschrieb Georg Pick die Bedeutung des „Führers“ für die Freireligiösen in seinem Buch über die „Religion der freien Deutschen“. Der Führer zeichne sich „durch Charakter, durch geistige Überlegenheit, durch Seelentiefe, Willenskraft und Opfermut“ aus.[173] Pick bezeichnete den Führer als „Träger der letzten Entscheidung des Volkswillens“.[174] Der Führer sei „Sachwalter und Stellvertreter alles dessen, was dem Deutschen heiligster Besitz ist“.[175] Er vollziehe „furchtlos den Willen der Nation“, ja, er sei selbst die „Verkörperung des Willens der Nation“.[176] In der Person des Führers stelle sich die „stärkste Sammlung der Kräfte seines Volkes“, ja, die „Seele des Volkes, die jedes Deutschen tiefster Lebenswert“ sei, „in Wesen und Wirkung am vollendetsten“ dar.[177] Weil der Führer den „aus der göttlichen Tiefe drängenden Willen der Nation“ verkörpere, sei er „heilig“.[178]. Für die Freireligiösen sei deshalb das „Erheben der Rechten und der Heilruf auf den Führer“ gleichbedeutend mit einem „Gebet“.[179]

Kurz nach der „Machtergreifung“ schrieb Georg Pick bereits von der „einzigartigen nationalen Erhebung des deutschen Volkes“.[180] Pick äußerte „Vertrauen“ und „Verehrung“ für den „Führer unseres Volkes“.[181] 1939, nach dem „Anschluß“ Österreichs, dem Münchener Abkommen und der Besetzung Böhmens und Mährens, lobte Pick die „kühne Staatskunst des Führers“.[182] Nach dem Ausbruch des Krieges und den „Blitzkriegen“ gegen Polen, die Benelux-Staaten und Frankreich sprach Pick von Hitlers „beispielloser Kühnheit“, seinem „un-

---

172 Gehrmann: Wozu sind wir auf Erden, S. 13.

173 Pick: Die Religion der freien Deutschen, S. 326.

174 Pick: Die Religion der freien Deutschen, S. 73.

175 Pick: Die Religion der freien Deutschen, S. 327.

176 Pick: Die Religion der freien Deutschen, S. 72; ebd, S. 308.

177 Pick: Die Religion der freien Deutschen, S. 327.

178 Pick: Die Religion der freien Deutschen, S. 308; ebd., S. 329.

179 Pick: Die Religion der freien Deutschen, S. 308.

180 Georg Pick: Die Religion des deutschen Idealismus. Ein Blick auf die Quellen freireligiösen Glaubens, Mainz 1933, S. 3.

181 Pick: Die Religion der freien Deutschen, S. 299; ders.: Unsere Deutschen Propheten, S. 24.

182 Pick: Die religiöse Lage, S. 3.

fehlbarem Instinkt" sowie „weiser Vorausschau und deutscher Gründlichkeit" bei der Vorbereitung des Krieges.[183]

Insbesondere die Ausführungen Georg Picks zeigen, wie die Person Adolf Hitlers zu einem Glaubensinhalt erhoben wurde. Hitler wurde zu einem Gegenstand religiöser Verehrung. Die Bedeutung, die Pick der religiös überhöhten Gestalt des „Führers" zuwies, ging weit über eine äußerliche Anpassung an den nationalsozialistischen Staat hinaus. Hier wurden Bestandteile der NS-Ideologie übernommen und mit dem pantheistischen Weltbild der freireligiösen Gemeinden verknüpft. Der Treuebekundung gegenüber dem neuen politischen System und seinem Protagonisten folgte seine Heiligsprechung.

f) Freireligiöse Gemeinden im nationalsozialistischen Staat

Ungeachtet der geringen zahlenmäßigen Bedeutung der freireligiösen Gemeinden trat der Gedanke hervor, daß die Gemeinden eine wichtige Bedeutung für den neuen Staat und die Volksgemeinschaft gewinnen könnten.

Der Offenbacher Pfarrer Max Gehrmann erwartete, daß die freireligiösen Gemeinden zur „religiösen Vertiefung der Volksgemeinschaft einen wertvollen Beitrag" leisten werden.[184] Nur durch die von den Freireligiösen bewirkte „Erneuerung der Religion" sei „die Vollendung des Dritten Reiches" möglich. Der „Sinn und Zweck unser geschichtlichen Sendung" vereinte sich so für Gehrmann „in endgültiger Läuterung und unbestreitbarer Folgerichtigkeit" mit dem „auf die Formung allumfassender Volksgemeinschaft gerichteten Streben des Nationalsozialismus".[185]

Auch Georg Pick erblickte in den freireligiösen Gemeinden den religiösen Weg „zu der ersehnten umfassenden Volksgemeinschaft".[186] Die Freireligiösen könnten einen „auf Wahrheit und Freiheit aufgebauten Volksglauben" vermitteln und dadurch erst das „stärkste Band der Volksgemeinschaft" beisteuern.[187] Die „Zukunft unseres Volkstums" sei sogar „abhängig von einer gesunden Entfaltung des religiösen Be-

---

183 Georg Pick: Die Arme der Götter, in: Freie Religion 1941, S. 66.

184 Gehrmann: Freie Religionsgemeinschaft Deutschlands. Zusammenfassung, S. 32.

185 Gehrmann: Die Religion der freien Deutschen, S. 68.

186 Pick: Das Wesen der Freien Religion, S. 11.

187 Pick: Die Religion der freien Deutschen, S. 317.

wußtseins". Die freireligiösen Gemeinden hätten daher „eine wesentliche Pflicht vor unserer Nation" zu erfüllen.[188] Die angestrebte „Vollendung des neuen deutschen Reiches" war in den Augen Picks unvorstellbar „ohne solche Erneuerung der Religion".[189] Pick war deshalb davon überzeugt, daß „die nationale Erhebung uns braucht, wenn anders sie ihre religiöse Berufung erfüllen will".[190] Ihre Aufgabe sei es, religiöses Leben zu vermitteln, welches das deutschen Volk benötige, „wenn sich erfüllen soll, worauf wir hoffen und wofür wir kämpfen".[191]

Hier zeigte sich deutlich die Hoffnung auf einen zukünftig wachsenden Einfluß der freireligiösen Gemeinden innerhalb des nationalsozialistischen Deutschland. Die freie Religion wurde dargestellt als notwendige Ergänzung und unverzichtbarer Bestandteil der politischen Umwälzung, die ohne die Beteiligung der freireligiösen Gemeinden unvollständig bleiben müßte. Freilich überschätzten damit die freireligiösen Sprecher die reale Stellung ihrer Gemeinden im neuen Staat gewaltig. Während sie für die freireligiösen Gemeinden den Anspruch erhoben, durch ihr religiöses Wirken den nationalsozialistischen Staat erst vollenden zu können, nahmen die politischen Machthaber diese kleine Minderheit kaum wahr, geschweige denn, daß sie ihre Ansprüche ernst genommen hätten.

2) Das Führerprinzip

Im Folgenden soll am Beispiel des „Führerprinzips" untersucht werden, inwieweit die äußere Anpassung an den nationalsozialistischen Staat sich auf die inneren Strukturen der freireligiösen Gemeinden auswirkte. So wie die Person des „Führers" Adolf Hitler nicht nur Anerkennung, sondern teilweise eine Art religiöser Verehrung genoß, wurde auch innerhalb vieler Gemeinden der Gedanke des „Führerprinzips" gegenüber den traditionellen demokratischen Gepflogenheiten der Freireligiösen durchgesetzt. Häufig waren die Veränderungen vornehmlich kosmetischer Natur und spiegelten lediglich die äußerliche Anpassung an die neuen Verhältnisse.

---

188 Pick: Unsere Deutschen Propheten, S. 5.

189 Pick: Die Religion der freien Deutschen, S. 18.

190 Georg Pick: Der Rüdesheimer Verbandstag vom 27. und 28. Mai 1933, in: Freie Religion 1933, S. 83.

191 Pick: Unsere Deutschen Propheten, S. 6.

So wurde in der Freireligiösen Gemeinde in Berlin dem 1. Vorsitzenden der Titel des „Führers" der Gemeinde verliehen.[192] Der Vorstand der Freireligiösen Gemeinde in Fürth wies die Gemeindemitglieder darauf hin, daß in Zukunft „für die Leitung der Gemeinde das Führerprinzip nach geltenden Richtlinien in Betracht kommt".[193]

Die Freireligiöse Landesgemeinde in Baden anerkannte das „Führerprinzip" ausdrücklich in ihrer Verfassung und legte fest, sie sei „auf dem Grundsatz des Führertums aufgebaut".[194] Der Landesvorsitzende wurde als der „allein verantwortliche und selbständig entscheidenden Führer" der Gemeinde bestimmt.[195]

Der badische Prediger Karl Weiß erklärte später im Rückblick, die Verfassung der Landesgemeinde sei 1933 „zeitentsprechend umgearbeitet" worden. Er behauptete, diese Umarbeitung sei erfolgt, „ohne der demokratischen Tradition den Abschied zu geben".[196]

Georg Pick äußerte sich ausführlich zu den Inhalten und Schranken des Führerprinzips innerhalb der freireligiösen Gemeinden. So deklarierte er die „Formung des Glaubens und Gebrauchtums" als eine „Sache der Führer" der Religionsgemeinschaft.[197] Pick verwies darauf, daß die „Führer unserer Gemeinschaft" dazu berufen seien, die „Grundlinien unserer Religion" zu gestalten. Diese Führer „weisen uns die Wege, uns unseres Wesens bewußt zu werden und damit die tiefste Quelle unserer Freiheit zu finden". Pick erklärte, nur so könne der „lebendige Zusammenhang der Religion mit der Kultur eines Volkes gewährleistet" werden.[198]

Andererseits unterwarf Pick das Führerprinzip innerhalb der freireligiösen Gemeinden deutlichen Einschränkungen. So erklärte er, die Führung der Religionsgemeinschaft dürfe niemals „über den Kopf der Mitglieder eine seelenlose Gewaltherrschaft" ausüben.[199] Im religiösen

---

192 Urschrift. Ausserordentliche Delegiertenversammlung am 11. 9. 33, abgedruckt in: Freigeistige Gemeinschaft (Freireligiöse Gemeinde) Berlin e. V. (Hrsg.): Geschichte der Freireligiösen Gemeinde Berlin 1845 - 1945, Dortmund 1981, S. 79.

193 Freireligiöse Gemeinde Fürth i. Bay.: An unsere Mitglieder, Fürth 1933, S. 1.

194 Verfassung der Freireligiösen Landesgemeinde Badens, S. 3 f.

195 Verfassung der Freireligiösen Landesgemeinde Badens, S. 5.

196 Weiß: 125 Jahre Kampf, S. 173.

197 Pick: Die Gründung der Freien Religionsgemeinschaft Deutschlands, S. 87.

198 Pick: Das Wesen der Freien Religion, S. 4.

199 Pick: Die religiöse Lage, S. 9.

Bereich sei das „Führerprinzip in seiner unbedingten Form" ohnehin nur dann sinnvoll, „wenn das deutsche Volk eine Staatskirche hätte".[200]

Insbesondere Picks Ausführungen zeigen den Zwiespalt der freireligiösen Gemeinden im nationalsozialistischen Staat. Einerseits werden die Prinzipien des NS-Regimes zumindest dem Wortlaut nach übernommen, zum anderen schwächen die Einschränkungen das angeblich übernommene Prinzip erheblich ab. Wenn ein „Führer" nicht „über den Kopf der Mitglieder" hinweg bestimmen kann, sondern sich auf Aussprachen und Diskussionen einlassen muß, ist von einem „Führerprinzip" nicht mehr als der Name übriggeblieben. Für die freireligiösen Gemeinden blieb das Dilemma bestehen, einander widersprechende Prinzipen gleichzeitig umsetzen zu wollen.

3) Rassenlehre und „Erbgesundheitspflege"

Die für den Nationalsozialismus charakteristische Rassenlehre wurde von Freireligiösen nur vereinzelt rezipiert. Eine ausführliche Behandlung des Themas blieb aus. Mehrere Vertreter der Freireligiösen griffen aber in anderen Zusammenhängen auf rassistische Vorstellungen zurück.

So verlangte der Offenbacher Pfarrer Max Gehrmann von den freireligiösen Gemeinden das „Bekenntnis zum Blut als der biologisch bestimmten Eigenart".[201]

A. Döhr wies darauf hin, das den Freireligiösen „gemeinsame deutsche Bekenntnis zum organischen Weltbilde" erfordere auch „das Ja zur rassenkundlichen Geschichtsbetrachtung".[202]

Mit größerem Nachdruck betonte Hermann Schwarz rassistische Aussagen. Das deutsche Volk sei ein „Herrenvolk", dessen „unbändiger Freiheitswille" für Schwarz das Gegenteil der „Weichlichkeit und Zügellosigkeit des Südländers" darstellte.[203]

---

200 Georg Pick: Die Lage der freien Religion im deutschen Volke, in: Freie Religion 1937, S. 85.

201 Gehrmann: Freie Religion und Staat, S. 131.

202 A. Döhr: Der Grundgedanke freireligiösen Geschichtsglaubens und seine Durchführung im Religionsunterricht, in: Freie Religion 1937, S. 23.

203 Hermann Schwarz: Deutschheit und Christlichkeit, in: Freie Religion 1941, S. 34.

Auch Georg Pick befürwortete den Gedanken der Rassentrennung. Er definierte die „besondere rassische Zusammensetzung der Bevölkerung“ als den Träger des kulturellen Lebens eines Volkes. Demzufolge könnten allein die „dieses Volk und seine Kultur tragenden Rassenelemente“ den „wesensgemäßen Fortgang der Weltgeschichte“ gewährleisten. Sollten aber „andersrassische Elemente sich in ihr betätigen und gar die Führung übernehmen“, werde die Kultur „von ihrer Grundrichtung abgelenkt und verfälscht“.[204]

Häufiger als die Befürwortung einer Trennung der unterschiedlichen Rassen wurde im freireligiösen Schrifttum der Gedanke der „Erbgesundheitspflege“ vertreten. In der *Geistesfreiheit* wurde bereits 1933 darauf hingewiesen, daß die nationalsozialistische Regierung mit der Förderung der Eugenik „einen Schritt vorwärts getan hat, der schon längst hätte getan werden müssen“. Die Freireligiösen sollten diese Entwicklung „mit Freude anerkennen“.[205] Die *Deutsche Glaubenswarte* feierte 1934 die „große Aufgabe der Wohlzüchtung (Eugenik)“.[206]

In der *Freien Religion* warnte Hermann Engst vor der Gefahr, daß „sich diejenigen weiterhin so stark vermehren, die hierfür gerade nicht geeignet sind“. Um die Vermehrung der „Ungeeigneten“ zu verhindern, verlangte Engst eine „zielklare, verantwortungsbewußte Rassenhygiene“.[207]

Auch Georg Pick befürwortete die „Rassenhygiene“ mit Nachdruck. Die „Verhinderung der Zeugung Minderwertiger“ gehöre zu den „Voraussetzungen einer gesunden Zukunft“.[208] Er forderte deshalb die „Verhütung erbkranken Nachwuchses“ sowie die „Ausschaltung aller ungesunden Erbmasse“. Solche Maßnahmen resultierten für Pick aus der „Ehrfurcht vor dem Leben“ und der „Verantwortung vor der Gottheit“. Einst werde ein „gesundes Volk den Gesetzgebern von heute danken“.[209]

---

204 Georg Pick: Die Vererbung im Lichte der Religion, in: Freie Religion 1941, S. 80.

205 Förderung der Eugenik, in: Die Geistesfreiheit 1933, S. 78.

206 Das Blut, in: Deutsche Glaubenswarte 1934, S. 51.

207 Hermann Engst: Buchbesprechung: Dr Hans Krauß - Ansbach: Die Grundgedanken der Erbkunde und Rassenhygiene in Frage und Antwort, in: Freie Religion 1936, S. 30.

208 Pick: Die Religion der freien Deutschen, S. 160.

209 Pick: Die Religion der freien Deutschen, S. 280.

Pick erklärte, die „Beseitigung minderwertiger Vererbungsmöglichkeiten" sei nichts weniger als ein „göttlicher Auftrag". Die nationalsozialistische Erbgesundheitspolitik interpretierte er damit als ein „Werkzeug Gottes in der Lebensentwicklung auf unserer Erde". Pick forderte vom nationalsozialistischen Staat drei grundlegende Maßnahmen zur Erbgesundheitspflege. Zunächst verlangte er die „Tötung verbrecherischer Naturen", und sodann die „Sterilisation der Erbkranken". Als drittes trat dazu die „Reinerhaltung der Rasse im engeren Sinne", also die Durchführung der Rassentrennung. Auf diese Weise sollte der nationalsozialistische Staat der „von Gott gestellten Aufgabe der Erhaltung eines gesunden Bluterbes" gerecht werden können.[210]

Dem Christentum warf Pick eine „wahllose Förderung der Lebensuntüchtigen" vor. Er lehnte aber auch die „gewaltsame Ausmerzung aller Untüchtigen" in primitiven Gesellschaften ab. Die nationalsozialistische Erbgesundheitspolitik fand hingegen seine uneingeschränkte Unterstützung. Pick behauptete sogar, daß die Entwicklung des Lebens ihren „höchsten Punkt in den rassehygienischen Maßnahmen des nationalsozialistischen Staates" erreiche.[211] Der nationalsozialistische Staat unterbreche durch seine Erbgesundheitspolitik den „Erbstrom schmerzlos". Er verbinde so „die ursprüngliche Instinktsicherheit, das göttliche Erbe der Natur" mit der „Idee der Güte".[212]

Manche Vertreter der Freireligiösen entwickelten skurrilere Ideen im Zusammenhang mit der „Erbgesundheitspflege". So rief auch Johannes Keuchel dazu auf, die „Erbmasse biologisch zu verbessern". Diese Verbesserung der Erbmasse wollte Keuchel aber durch eine „streng naturgetreue Art zu leben" sowie eine „Veredelung unserer Gedankenwelt" erreichen.[213] Auf diese Weise bediente sich Keuchel zwar der üblichen Diktion, zeigte aber gleichzeitig sein völliges Unverständnis für den biologistischen Ansatz der nationalsozialistischen Rassenlehre, die ja gerade von angeborenen und unveränderlichen Rassemerkmalen ausging.

Diese Beispiele belegen, wie die vom Nationalsozialismus propagierten Vorstellungen von „Rassereinheit" und „Erbgesundheit" auch in

---

210 Pick: Die Vererbung, S. 80.

211 Pick: Die Religion der freien Deutschen, S. 131.

212 Pick: Die Vererbung, S. 79.

213 Johannes Keuchel: Der kommende religiöse Deutsche, in: Hermann Schwarz/Georg Pick/Johannes Keuchel: Deutsche Religion in Gegenwart und Zukunft, Mainz 1939, S. 21.

den freireligiösen Gemeinden Fürsprecher fanden. Besonders Georg Pick zeigte sich als Befürworter der staatlichen Maßnahmen zur „Rassenpolitik" und „Erbgesundheitspflege".

Wiederum fällt auf, daß politische Maßnahmen des nationalsozialistischen Staates nicht nur aus pragmatischen Gründen befürwortet wurden. Auch die „Erbgesundheitspflege" fand bei Pick eine Würdigung, die sie in den Rang eines „göttlichen Auftrags" erhob und aus dem nationalsozialistischen Staat ein „Werkzeug der Gottheit" machte. Wieder wurden die politischen Verhältnisse mit einem religiösen Glorienschein umgeben und zu Glaubensinhalten uminterpretiert.

Besonders auffällig ist dabei Picks Vorstellung von der „Güte" des nationalsozialistischen Staates. Daß Pick solche Aussagen zu einer Zeit machen konnte, als Tausende von kranken und behinderten Menschen als „lebensunwertes Leben" ermordet wurden, zeigt deutlich, wie die Realitäten des nationalsozialistischen Staates von Vertretern der Freireligiösen verkannt wurden. Ein religiös verbrämtes Idealbild verdrängte für sie die Wahrnehmung der Tatsachen.

4) Freie Religion und Judentum

a) Bewertung der jüdischen Religion

Nach der „Machtergreifung" der Nationalsozialisten erschien es auch in den freireligiösen Gemeinden häufig als opportun, sich durch Distanzierung vom Judentum bei der Staatsmacht in ein günstigeres Licht zu stellen. So betonte der Volksbund für Geistesfreiheit, daß er „den mit dem alten Judentume verknüpften Bibelglauben bekämpft".[214]

Eine objektive Würdigung des Judentums hingegen war im nationalsozialistischen Staat kaum möglich. Dementsprechend sind auch die Aussagen von Freireligiösen über das Judentum mit einer gewissen Vorsicht zu betrachten.

Die Aussagen des Offenbacher Pfarrers Max Gehrmann dokumentieren die Vorsicht, mit der das Verhältnis freier Religion zum Judentum angesprochen wurde. Gehrmann stellte zunächst fest, das Verhältnis zum Judentum werde „im Dritten Reich durch entsprechende Gesetzgebung bestimmt". Daraus resultiere die Forderung, daß in der deutschen Jugenderziehung „alle Beeinflussung durch jüdischen Geist

---

214 Die neue Lage, S. 51.

auszuschalten“ sei. Aussagen über das Judentum müßten sich daher auf diejenigen Inhalte beschränken, die „zum Verständnis und zur Einschätzung der auf alttestamentlicher Glaubensgrundlage beruhenden christlichen Kirche aus Gründen der Allgemeinbildung erforderlich“ seien.[215]

Unter diesen Voraussetzungen bewertete Gehrmann die jüdische Religion eindeutig negativ. Den jüdischen Propheten wie Elia, Amos, Hosea, Jesaja und Jeremia gestand er immerhin zu, ihnen sei der „Wille zur Ehrlichkeit der Gesinnung und zur reinen Frömmigkeit“ zu eigen gewesen. So hätten sie den jüdischen Glauben „allmählich läutern und vervollkommnen“ können. Gehrmann konstatierte aber „Züge abstoßender Ueberheblichkeit und Ereiferung“ bei den Propheten. Dies führte er auf den „Schatten ihrer rassischen Abstammung“ zurück, den sie nicht hätten überwinden können.[216]

Den jüdischen Gott Jahwe interpretierte Gehrmann als einen „Feuerdämon“, der „nachts durch Ueberfälle erschreckt oder zur Passahzeit blutlechzend umgeht“.[217]

Der jüdische Glaube äußerte sich für Gehrmann in einem „wirren Gemenge von Geboten und Verboten“ in Thora und Talmud. Demgegenüber billigte er alttestamentlichen Schriften wie dem Buch Hiob, den Psalmen, Sprüchen, Hohelied und Predigerbuch „Stellen von verinnerlichter Denkart und zugleich bedeutendem dichterischem Wert“ zu. Da er diese Qualitäten aber nicht mit seiner Vorstellung von jüdischer Denkart vereinbaren konnte, behalf sich Gehrmann mit der „Annahme eines gewissen arischen Geisteseinflusses“.[218]

Auch innerhalb der freireligiösen Bewegung vor 1933 sah Gehrmann „Anmaßung und zersetzende Wirkung von Juden“ am Werk. Er lobte Clemens Taesler dafür, er habe sich in den zwanziger Jahren in der

---

215 Gehrmann: Freie Religionsgemeinschaft Deutschlands. Zusammenfassung, S. 15.

216 Gehrmann: Freie Religionsgemeinschaft Deutschlands. Zusammenfassung, S. 16.

217 Gehrmann: Freie Religionsgemeinschaft Deutschlands. Zusammenfassung, S. 15.

218 Gehrmann: Freie Religionsgemeinschaft Deutschlands. Zusammenfassung, S. 16.

Frankfurter Gemeinde gegenüber einem „jüdisch" beeinflußten, atheistischen Flügel erfolgreich durchgesetzt.[219]

Auch Taesler selbst grenzte die freie Religion vom Judentum ab, indem er betonte, die für die Freireligiösen wesentliche „Gottmenschen-Idee" - der Gedanke der Selbstvervollkommnung des Menschen - sei „dem Judentum völlig fremd und nachweislich arischen Ursprungs".[220]

Zu einer gänzlich anderen Einschätzung des Judentums gelangte demgegenüber Arthur Drews. Er kritisierte die rassistische Vorstellung, „daß ein Jude nicht freiheitsliebend und tapfer sein könnte". Um derartige Vorurteile zu entkräften, wies Drews auf die „makkabäischen Freiheitskämpfe, die todesmutige Verteidigung Jerusalems gegen die Römer und den letzten Verzweiflungskampf der Juden im Barkochbakriege" hin. Ebenso erkannte er die Tapferkeit der „armen Ghettojuden des Mittelalters" an, die „lieber tausend Tode erleiden als ihren Glauben aufgeben wollten, und unbeirrt den Scheiterhaufen bestiegen".[221] Insbesondere die jüdischen Propheten, „die Kerker, Verbannung und Tod nicht scheuten", charakterisierte Drews als „tapfer und freiheitsliebend".[222]

Auch der Gott Jahwe erschien hier in einem günstigeren Licht. Drews betonte, daß im Laufe der Entwicklung der jüdischen Religion der „alttestamentliche Wüstengott Jahwe immer erhabenere, geistigere, menschlichere, freundlichere Züge angenommen" habe. Auf diese Weise habe sich Jahwe schließlich „aus einem herrischen Gotte des Zorns in den barmherzigen, allgütigen und alliebenden Gott der Psalmen, Sprüche und Weisheitsschriften" gewandelt.[223]

Ein weiteres Beispiel für einen Freireligiösen, der auf rassistische Stereotype verzichtete, war August Kahl mit seiner positiven Bewertung des Philosophen Baruch Spinoza. Während andere Freireligiöse im Rückbezug auf historische Vorbilder Spinoza ab 1933 nicht mehr als Vorbild der Freireligiösen erwähnten, stellte August Kahl den pan-

---

219 Max Gehrmann: Clemens Taesler 25 Jahre freireligiöser Pfarrer, in: Freie Religion 1936, S. 117.

220 Taesler: Unsere deutsche freie Religion, S. 7.

221 Arthur Drews: Jesus der Arier? In: Freie Religion 1934, S. 20.

222 Drews: Jesus der Arier, S. 20.

223 Drews: Jesus der Arier, S. 21.

theistischen Philosophen jüdischer Abstammung in eine Reihe mit Geistesgrößen wie Leonardo da Vinci, Giordano Bruno und Goethe.[224]

Eine vermittelnde Position zwischen den Ansichten von Gehrmann und Drews nahm zunächst Georg Pick ein. Pick bezeichnete die „alttestamentlischen Nebiim“ als „ehrenwerte Persönlichkeiten“. Er billigte ihnen zu, daß sie in „echtem prophetischem Auftrag“ gehandelt hätten. In der Gegenwart aber sei ihre Tätigkeit nur noch für „den Geschichtswisenschaftler, aber nicht den nach den Grundlagen seines Glaubens suchenden Deutschen“ von Interesse. Das Wirken der israelitischen Propheten erfolgte nach Picks Auffassung „unter den ganz anderen, ungleich primitiveren Verhältnissen eines orientalischen Volkes“. Deshalb könnten die Aussagen der jüdischen Propheten „dem deutschen Volke von heute“ in religiöser Hinsicht keine Antworten vermitteln.[225]

Während Pick damit zunächst eine ausgewogenere Position vertrat und darauf verzichtete, das Judentum zu verteufeln, glich er sich nach dem Kriegsausbruch aber an die offizielle Propaganda an. So interpretierte er im Jahr 1941 den 2. Weltkrieg als einen Kampf gegen die „Machtgier eines jüdisch durchseuchten Weltkapitalismus“. Damit hatte Pick die offizielle rassistische Diktion ohne Einschränkung übernommen.[226]

Die Bewertung des Judentums von freireligiöser Seite schwankte zwischen einem gewissen Maß an Anerkennung und Respekt einerseits und offenem Antisemitismus andererseits. Wenn Vertreter der Freireligiösen wie Arthur Drews sich auf eine ehrliche Auseinandersetzung mit der jüdischen Geisteswelt einließen, konnten sie zu einer Würdigung des jüdischen Glaubens gelangen, die einerseits die Unterschiede zu freireligiösen Auffassungen offenlegte, den Andersdenkenden aber dennoch Respekt entgegenbrachte. Oft genug begnügten sich Freireligiöse aber lediglich damit, die rassistischen Schlagworte der nationalsozialistischen Propaganda zu übernehmen und somit jede Möglichkeit eines ehrlichen Verständnisses zu verbauen.

---

224 August Kahl: Zu Ernst Haeckels 100. Geburtstag, in: Freie Religion 1934, S. 28 f.

225 Pick: Unsere Deutschen Propheten, S. 8.

226 Pick: Die Arme der Götter, S. 66.

b) Der „Arierparagraph"

Während 1933 zwischen dem Verband freireligiöser Gemeinden Deutschlands und der in der Gründung begriffenen Deutschen Glaubensbewegung über eine zukünftige Zusammenarbeit verhandelt wurde, stellte die Zulassung von Mitgliedern jüdischer Abstammung in den freireligiösen Gemeinden einen wichtigen Streitpunkt dar.[227] Nach eigener Aussage lehnte Georg Pick den Anschluß des Verbands an die Deutsche Glaubensgemeinschaft vor allem deshalb ab, weil er den geforderten Ausschluß der Mitglieder jüdischer Herkunft nicht akzeptieren wollte.[228]

Diese Haltung gegenüber den Mitgliedern jüdischer Abstammung veränderte sich jedoch in den folgenden Jahren. Am 21. Juli 1935 legte die Freie Religionsgemeinschaft Deutschlands in den Ausführungsbestimmungen zu ihrer Verfassung fest, daß Mitglieder der Gemeindevorstände sowie Gemeindebeamte „arischer Abstammung" sein müßten.[229]

Auf der Gemeinschaftstagung am 21. Mai 1939 in Offenbach schließlich beschloß die Freie Religionsgemeinschaft Deutschlands, „Mitglied einer der FRD angehörenden Gemeinde können nur Personen sein, die den Anforderungen zum Reichsbürgerrecht genügen".[230] Das Reichsbürgergesetz, eines der „Nürnberger Gesetze" vom 15. September 1935, bestimmte, daß nur Personen „deutschen oder artverwandten Blutes" Reichsbürger sein dürften. Alle als „Juden" definierten Personen waren vom Reichsbürgerrecht grundsätzlich ausgeschlossen. Der harmlos klingende Beschluß der FRD von 1939 bedeutete somit nichts weniger, als daß sämtliche Mitglieder jüdischer Abstammung aus den Gemeinden der FRD ausgeschlossen wurden.

Die Offenbacher Gemeinde legte in § 7 ihrer Verfassung von 1939 ausdrücklich fest, daß die Mitglieder der Gemeinde „deutschen oder artverwandten Blutes sein" müßten. Ausdrücklich bestimmte dieser Paragraph: „Jüdische Mischlinge, die von einem oder zwei der Rasse

---

227 Nanko: Die Deutsche Glaubensbewegung, S. 138; ebd., S. 189.

228 Pick: Die Freie Religionsgemeinschaft Deutschlands, S. 90; ders.: Schicksalsweg, S. 119.

229 Ausführungsbestimmungen zur Verfassung der FRD, S. 11.

230 Die Gemeinschaftstagung der FRD vom 21. Mai 1939 in Offenbach a. M., in: Mitteilungsblatt der Freien Religionsgemeinschaft Deutschlands, 1. Juni 1939, S. 2.

nach volljüdischen Großelternteilen abstammen, können nicht Mitglieder sein".[231]

Eine leicht abweichende Vorgehensweise verfolgte die Freireligiöse Gemeinde Frankfurt. § 20 ihrer Verfassung stellte ausdrücklich fest, „Ein Ausschluß aus der Gemeinde findet in keinem Falle statt."[232] Um die Bestimmung des § 20 einzuhalten und gleichzeitig Mitgliedern der Gemeinde, die jüdischer Abstammung waren, die Mitgliedsrechte entziehen zu können, beschloß der Ältestenrat der Gemeinde, jüdische Mitglieder nur noch als Mitglieder ohne Rechte zuzulassen.[233] Ein Brief des Ältestenrats „An unsere Mitglieder und Gönner" vom 30. März 1939 erklärte, die Gemeinde sei „nicht mehr in der Lage, Mitgliedern und Gönnern, die im Sinne der Nürnberger Gesetze Juden sind, die verfassungsmäßigen Rechte zu belassen, noch Beiträge von ihnen entgegenzunehmen". Damit sei für die Mitglieder jüdischer Abstammung „deren weitere Zugehörigkeit zu unserer Gemeinde gegenstandslos geworden". Der Ältestenrat empfahl den Betroffenen, „ihren Austritt aus der Gemeinde beim Amtsgericht / Gönner beim Pfarramt / zu erklären". Diejenigen Mitglieder jüdischer Abstammung, die nicht aus der Gemeinde austreten wollten, wurden gebeten, dem Pfarramt zu bestätigen, „daß sie sich nur noch als Mitglieder bezw. Gönner ohne irgendwelche Rechte betrachten".[234]

Im Jahresbericht des Ältestenrats und des Pfarramts für das Jahr 1941, vorgetragen in der Jahreshauptversammlung der Gemeinde am 11. April 1942, wurde nochmals darauf hingewiesen, daß gemäß den Beschlüssen des Ältestenrats "Mitglieder ohne Rechte keinerlei Anspruch auf Amtshandlungen haben".[235] Clemens Taesler hat sich jedoch nach

231 Verfassung der Freien Religionsgemeinschaft Deutschlands, Gemeinde Offenbach a. Main, S. 3.

232 Verfassung der Freireligiösen Gemeinde Frankfurt, S. 6.

233 Archiv der Unitarischen Freien Religionsgemeinde, Aus dem Protokoll der Gemeinde-Jahreshauptversammlung vom 24. April 1940, in: Jahresberichte 1918 - 1980 der Unitarischen Freien Religionsgemeinde, S. 38.

234 Freireligiöse Gemeinde Frankfurt a. M. an unsere Mitglieder und Gönner vom 30. März 1939, abgedruckt in: Das Wirken Clemens Taeslers, S. 15.

235 Archiv der Unitarischen Freien Religionsgemeinde, Aus dem Protokoll der Gemeinde-Jahreshauptversammlung vom 11. 4. 1942, in: Jahresberichte 1918 - 1980 der Unitarischen Freien Religionsgemeinde, S. 48.

eigener Angabe an diese Beschlüsse nicht gehalten und zumindest in einem Fall ein Gemeindemitglied jüdischer Abstammung beerdigt.[236]

5) Freie Religion und Christentum

a) Die Bezeichnung „christlich"

Die Beziehung der Freireligiösen zum Christentum war zwiespältig. Zum einen existierten freireligiöse Gemeinden, die einen Bezug auf das Christentum mit Nachdruck ablehnten. Andere Gemeinden hingegen verstanden sich selbst ausdrücklich als „christlich". Vor allem die Gemeinden in Offenbach und Frankfurt betrachteten sich selbst als „christliche" Gemeinschaften. Dieser Selbsteinschätzung trugen sie Rechnung, indem sie 1933 Umbenennungen vornahmen.

Das Grundgesetz der Frankfurter Gemeinde legte fest, die Gemeinde sei „in dogmenfreiem religiösen, ethischen und kulturellen Sinne und im Geiste der großen deutschen Mystiker, Dichter und Denker christlich".[237] Am 24. April 1933 erfolgte auf einer Gemeindeversammlung die Umbenennung in „Deutschchristlich-Freireligiöse Gemeinde".[238]

Dieser Versuch, den christlichen Charakter der Gemeinde zu betonen, stieß jedoch auf die Ablehnung der staatlichen Stellen. Der Preußische Minister für Wissenschaft, Kunst und Volksbildung teilte in einem Schreiben an den Polizeipräsidenten von Frankfurt/M. vom 24. August 1933 mit, daß die Umbenennung der Gemeinde nicht akzeptiert werden könne. Durch die Bezeichnung „deutschchristlich" werde wahrheitswidrig der Eindruck erweckt, die Gemeinde gehöre der Glaubensbewegung der Deutschen Christen an oder stehe ihr nahe.[239]

In dem Streit um die Subventionierung des Religionsunterrichts der Freireligiösen Gemeinde Frankfurt zeigte sich dann deutlich der Widerspruch zwischen der Selbst- und der Außenwahrnehmung der Ge-

---

236 Taesler: Meine Lage von 1933 - 1945, S. 11.

237 Verfassung der Freireligiösen Gemeinde Frankfurt, S. 1.

238 Archiv der Unitarischen Freien Religionsgemeinde, Freireligiöse Gemeinde Frankfurt a. M. an den Polizei-Präsidenten in Frankfurt a. M. vom 25. April 1933, S. 3.

239 Archiv der Unitarischen Freien Religionsgemeinde, Der preußische Minister für Wissenschaft, Kunst und Volksbildung an den Polizei-Präsidenten in Frankfurt a. M. vom 24. August 1933.

meinde: während sich die Mitglieder der Frankfurter Gemeinde als Anhänger eines undogmatischen Christentums betrachteten, wurden sie von staatlichen Stellen nicht als Angehörige einer christlichen Glaubensgemeinschaft wahrgenommen. Weil die angestrebte Namensänderung von den staatlichen Stellen nicht akzeptiert wurde, sah sich die Gemeinde gezwungen, auf die neue Bezeichnung als „deutschchristlich" zu verzichten. Schließlich wurde in einer Gemeindeversammlung am 25. Oktober 1933 die Umbenennung der Gemeinde zurückgenommen. Die Gemeinde nannte sich nun wieder „Freireligiöse Gemeinde Frankfurt".[240]

Die Gemeinde in Offenbach benannte sich 1933 in „Freichristliche (Freireligiöse) Gemeinde" um. Gegen diese Umbenennung hatten die staatlichen Stellen nichts einzuwenden.[241] In ihrer neuen Verfassung definierte sich die Gemeinde als „im deutschen Sinne christlich" und verpflichtete sich auf eine „von deutschem Geiste getragene christliche Gesinnung".[242]

Die Freireligöse Landesgemeinde in Baden bezeichnete sich zwar nicht in ihrem Namen als christlich, legte aber in ihrer Verfassung fest, daß sie „bewußt auf dem Boden deutsch-christlicher Kultur" stehe.[243]

b) Bewertung des Christentums

aa) Die „positiven Werte" des Christentums

Die Gemeinden des BFGD vertraten dem Christentum gegenüber eine eindeutig ablehnende Haltung. Ernst Bergmann sprach von „christlichen Irrlehren" und charakterisierte das Christentum als „Religion der Glaubenslüge", als „Verfalls- und Entartungsreligion" und schließlich als „Religion der rassisch Minderwertigen".[244]

In den südwestdeutschen Gemeinden, auch in denjenigen, die sich selbst nicht als „christlich" bezeichneten, herrschte hingegen eine posi-

---

240 Archiv der Unitarischen Freien Religionsgemeinde, Auszug aus dem Protokoll der beiden Gemeindeversammlungen vom 25. Oktober 1933, S. 1.

241 Gehrmann: Geschichte der Freireligiösen Gemeinde, S. 42.

242 Verfassung der Freichristlichen (Freireligiösen) Gemeinde Offenbach am Main, S. 2.

243 Verfassung der Freireligiösen Landesgemeinde Badens, S. 3.

244 Ernst Bergmann: Nordisch-germanischer Glaube oder Christentum? In: Deutsche Glaubenswarte 1933, S. 140 f.

tive Wertung des Christentums vor. Die Freie Religionsgemeinschaft Deutschlands und ähnlich die Offenbacher Gemeinde setzten sich deshalb die Aufgabe, die „positiven Werte des Christentums im Sinne deutschen Wesens und im Einklang mit dem Geistesleben der Gegenwart" weiterzuentwickeln.[245]

Georg Pick anerkannte ausdrücklich die „hohen religiösen und ethischen Werte des Christentums".[246] Das Christentum habe den Germanen vieles gebracht, „was ihnen schneller zu sich selber half, als es sonst wohl der Fall gewesen wäre". Deshalb besäße das Christentum „seine positive Seite" und „seine besondere Aufgabe am deutschen Menschen".[247] Erst das Christentum habe den Germanen solche Werte wie „die Idee der Liebe, der seelischen Innerlichkeit, des Göttlichen in uns, der Selbstüberwindung, des Opfers" vermittelt.[248] Es lehrte die Germanen das „Verbundensein von Mensch zu Mensch in der Liebe" und die „Zusammenarbeit an einem höheren Ziel reineren Menschseins".[249] Diese positiven Werte des Christentums seien „in die deutsche Seele eingegangen" und hätten „zur seelischen Vertiefung des germanischen Menschen Wesentliches beigetragen".[250] Dadurch habe das Christentum „dem deutschen Volke neue religiöse Kräfte und ein vertieftes soziales Bewußtsein" geschenkt.[251]

Ausdrücklich charakterisierte Pick diese Werte als „nicht abhängig von der Rasse".[252] Vielmehr handele es sich um „allgemein gültige Werte", die „auch das deutsche Wesen seelisch vertieft" hätten.[253] Eine „lebendige Religion, die aus deutschem Kulturempfinden wächst", müsse

---

245 Verfassung der Freien Religionsgemeinschaft Deutschlands, Mainz 1934, S. 2; Verfassung der Freien Religionsgemeinschaft Deutschlands, Gemeinde Offenbach a. Main, S. 2; Georg Pick/Clemens Taesler: Entwurf eines gemeinsamen Bekenntnisses der Gemeinden des Verbandes, in: Freie Religion 1933, S. 76 f.

246 Georg Pick: Religiöse Richtlinien einer Freireligiösen Gemeinde, in: Freie Religion 1933, S. 51.

247 Pick: Unsere Deutschen Propheten, S. 11.

248 Pick: Die Lage der freien Religion, S. 84.

249 Pick: Die Religion des deutschen Idealismus, S. 5.

250 Pick: Ein Briefwechsel, S. 141.

251 Pick: Das Wesen der Freien Religion, S. 9.

252 Pick: Die Religion der freien Deutschen, S. 38.

253 Belz: Arbeitstagung der FRD, S. 139.

daher die „positiven Werte des Christentums dankbar“ anerkennen.[254] Das Christentum stellte für Pick somit eine „versittlichende Macht“ dar.[255] Deshalb betonte Pick, die „tiefere Betrachtung der Werte der deutschen Seele“ dürfe „an der Sendung des Christentums nicht vorübergehen“. Einzig eine „Weiterentwicklung des Christentums“ biete die „Möglichkeit einer künftigen Einigung des deutschen Volkes“.[256]

Auch Max Gehrmann befürwortete die christlichen Glaubenswerte. Das Christentum habe „trotz seiner asiatischen Herkunft und trotz der blutigen Gewalttätigkeit seiner Einführung“ den Germanen eine „neue Lebensform“ vermittelt. Während der Christianisierung der Germanenstämme seien christliche Werte „in den Kraftstrom arteigener Gesinnung“ eingegangen. Dadurch hätten sie „Heimatrecht bei den Deutschen“ erhalten. Dabei sei aber „in der Tiefe des Volkstums der ursprüngliche deutsche Glaubensgeist“ erhalten geblieben.[257]

bb) Ablehnung eines Antichristentums

Im Gegensatz zu der scharfen Ablehnung des Christentums in den Reihen der völkisch-religiösen Gruppen wie auch im BFGD und in der Gemeinschaft Deutsche Volksreligion stand die differenzierende Haltung der südwestdeutschen Gemeinden.

So wandte Georg Pick sich mit Nachdruck gegen das „Extrem eines Antichristentums“.[258] Es sei „sinnlos, die religiösen Werte, die die deutsche Seele sich in tausendjähriger Auseinandersetzung mit dem Christentum gestaltet“ habe, bekämpfen zu wollen.[259] Pick lehnte deshalb jegliche Versuche völkisch-religiöser Gruppen ab, die „christliche Kultur in Deutschland als eine Fehlentwicklung zu erweisen und wieder unmittelbar an das alte Germanentum anzuknüpfen“. Solche Bestrebungen entsprächen „nicht der wahren Natur unserer heutigen Seele“. Deshalb könnten derartige Ansätze auch „unsere religiöse

---

254 Georg Pick: Weiterentwicklung des Christentums, in: Freie Religion 1934, S. 147.

255 Pick: Die Religion der freien Deutschen, S. 36.

256 Georg Pick: Das Schicksal der "Deutschen Glaubensbewegung", in: Freie Religion 1936, S. 78.

257 Gehrmann: Freie Religionsgemeinschaft Deutschlands. Zusammenfassung, S. 19.

258 Pick: Weiterentwicklung des Christentums, S. 146.

259 Pick: Die Lage der freien Religion, S. 84.

Sehnsucht nicht erfüllen". Die „Mißachtung der hohen seelischen und sozialen Werte, die das Christentum in unsere Kultur gebracht hat", charakterisierte Pick deshalb als „Irrweg".[260]

Der scharfen Entgegensetzung von Christentum und freier Religion, wie sie in den Gemeinden des BFGD und später in der Gemeinschaft Deutsche Volksreligion üblich war, wollten die Freireligiösen in den südwestdeutschen Gemeinden nicht folgen. Sie vertraten eine differenziertere Haltung gegenüber dem Christentum und bekannten sich auch weiterhin zu dem christlichen Erbe innerhalb ihrer Tradition.

cc) Dogma, Bibel und Bekenntnis

In der Beurteilung des kirchlichen Christenums näherten sich die norddeutschen und die südwestdeutschen Freireligiösen wieder aneinander an. Während der Begriff des „Christentums" von den südwestdeutschen Gemeinden grundsätzlich positiv bewertet wurde und einzelne Gemeinden sich selbst ausdrücklich als „christlich" verstanden, grenzten sich auch diese freireligiösen Gemeinden ebenso wie die norddeutschen vom kirchlichen Christentum scharf ab. Insbesondere jegliches Dogma stieß auf entschiedene Ablehnung unter den Freireligiösen. Aber auch biblische Traditionen verfielen dem Verdikt.

Das *Deutsche Werden* wandte sich gegen „religiösen Ballast" im Religionsunterricht und meinte damit „biblische Geschichten des Alten Testments", die angeblich das „germanische Sittlichkeitsgefühl verletzen". Letztlich könne nur die vollständige „Ausscheidung der Bibel aus dem Religionsunterricht" die Kinder vor den schädlichen Einfüssen der biblischen Geschichten bewahren.[261]

Die Freie Religionsgemeinschaft Deutschlands legte in ihrer Verfassung die „Ablehnung einer dogmatischen Bindung an das Christentum in seiner dogmatischen Form" fest.[262] Die Freireligiöse Gemeinde Frankfurt vertrat in den Worten Clemens Taeslers ein „frei und nicht dogmatisch-kirchlich aufgefaßtes Christentum".[263] Taesler forderte die „Beseitigung aller Zwangsglaubenssätze und aller veralteten religiösen Zwangsbrauchtümer" als „Vorbedingung für eine religiöse Einigung

260 Pick: Weiterentwicklung des Christentums, S. 147.

261 Wieder ein Schritt vorwärts, in: Deutsches Werden 1937, Nr. 8, S. 1 f.

262 Verfassung der Freien Religionsgemeinschaft Deutschlands, S. 2.

263 Taesler: Unsere deutsche freie Religion, S. 7.

aller Deutschen".[264] Als „Wesen des Christentums in einer undogmatischen Auffassung" definierte Taesler die „Frohbotschaft der Gotteskindschaft" sowie die „Christusidee oder die Idee des Gottmenschen".[265] Deshalb band die Frankfurter Gemeinde ihre Mitglieder „an keinerlei heilige Schriften, Glaubenssätze (Dogmen) und Glaubensübungen".[266]

Auch Georg Pick lehnte die „unserm heutigen Denken und Empfinden völlig zuwider laufende kirchliche Dogmatik" ab.[267] Er sah die Freireligiösen „nicht im geringsten gebunden und verpflichtet durch ein Buch, das im östlichen Mittelmeergebiet entstanden ist".[268] Arthur Drews führte aus, die Freireligiösen seien „Deutsche und keine Römer". Deshalb müßten sie eine „Festlegung unseres Glaubens auf Bibel und Bekenntnis" ablehnen.[269] Hermann Schwarz schließlich sah in der biblischen Überlieferung lediglich „orientalische Märchen".[270]

dd) „Fremdheit" des Christentums

Ein häufig auftretender Topos war die angebliche „Fremdheit" des Christentums. Ernst Bergmann mißfiel der „jüdische Anteil im Christentum".[271] „Christentum und Deutschtum" seien letztlich Gegensätze und daher „im tiefsten Grund unvereinbar".[272] In der *Deutschen Glaubenswarte* wurde das Christentum als „asiatisch-jüdisch wie die ganze Bibel" tituliert.[273] Das *Deutsche Werden* sprach vom „jüdisch-morgenländischen Christentum", bezeichnete das Christentum als „a-

---

264 Taesler: Die Daseinsberechtigung der freien religiösen Gemeinden, S. 2.

265 Taesler: Unsere deutsche freie Religion, S. 7.

266 Verfassung der Freireligiösen Gemeinde Frankfurt, S. 1.

267 Pick: Unsere Deutschen Propheten, S. 7.

268 Pick: Unsere Deutschen Propheten, S. 12.

269 Arthur Drews: Das "Wort Gottes". Zur religiösen Lage der Gegenwart, Mainz 1933, S. 11.

270 Schwarz: Deutsches Ewigkeitsbewußtsein, S. 11.

271 Bergmann: Nordisch-germanischer Glaube oder Christentum, S. 141.

272 Ernst Bergmann: Kann ein Deutscher Christ sein? In: Deutsches Werden 1937, Nr. 6, S. 2.

273 Wir grüßen das neue Jahr, in: Deutsche Glaubenswarte 1934, S. 2.

siatische Religion" und definierte es als ein „Gemisch aus jüdischer und griechisch-ägyptisch(Alexandrien)-persischer Religion".[274]

Auch Georg Pick wies darauf hin, daß das Christentum „nicht aus unserem Blut und Boden" stamme.[275] Mit der Christianisierung mußten die germanischen Stämme nach der Deutung Picks eine „aus dem Orient kommende Flut über sich ergehen lassen". Das Christentum habe den Germanen vieles gebracht, „was ihnen im Grunde ihrer Seele zuwider sein mußte".[276] Das Christentum enthalte Vorstellungen, die „wenig zu dem Denken der Deutschen paßten". Solche Glaubensinhalte hätten den „Stolz des deutschen Menschen" unweigerlich „verletzt".[277]

Dennoch sah Pick in der Christianisierung eine „schöpferische Begegnung von Germanentum und Christentum".[278] In dieser Begegnung mit dem Germanentum habe das Christentum „spezifisch orientalische" Inhalte allmählich „abgestoßen" und dafür „artverwandte, dem Nordischen Entsprechende auf sich wirken lassen". Für Freireligiöse sei deshalb nicht das „palästinesische", sondern einzig ein „aus der Auseinandersetzung mit germanischem Wesen hervorgegangenes und von ihm umgeschmiedetes Christentum" von Bedeutung.[279] Die „Schädigungen, die durch artfremde Elemente des Christentums dem germanischen Wesen drohten", seien letzlich „durch dessen gesunde Kraft überwunden worden".[280] Es sei aber für Deutsche „zwecklos", sich an „einem aus der Fremde übernommenen Gottesgedanken, etwa dem alttestamentlichen Jahve-Glauben" zu orientieren.[281]

Andere Vertreter der südwestdeutschen Freireligiösen äußerten eine größere Distanz vom Christentum. Arthur Drews erklärte, das Christentum sei Ausdruck einer „versunkenen Zeit und der Denkweise einer uns fremden Rasse".[282] Er betonte, daß „Christentum mit

---

274 Erlösungsreligionen, in: Deutsches Werden 1936, Nr. 7, S. 1; G. M.: Gedanken zur Reformation, in: Deutsches Werden 1936, Nr. 10, S. 3.

275 Belz: Arbeitstagung der FRD, S. 139.

276 Pick: Unsere Deutschen Propheten, S. 11.

277 Pick: Die Religion des deutschen Idealismus, S. 5.

278 Pick: Die Religion der freien Deutschen, S. 41.

279 Pick: Unsere Deutschen Propheten, S. 12.

280 Pick: Die Religion der freien Deutschen, S. 40.

281 Georg Pick: Die Entwicklungslehre und ihr religiöser Sinn, Mainz 1939, S. 5.

282 Drews: Das "Wort Gottes", S. 11.

Deutschtum schlechterdings nicht zu tun" habe und deshalb auch ein „deutsches Christentum" einen „Widersinn" darstelle.[283]

Auch Max Gehrmann setzte die Freireligiösen stärker als Pick vom Christentum ab. Er sah im Christentum „Glaubenslehren hauptsächlich vorderasiatischer Herkunft", die „den Menschen der Welt zu entfremden, ihm den Genuß des Lebens möglichst zu verekeln" suchten.[284] Den Christen warf Gehrmann vor, „ihr Seelenheil hemmungslos bis auf den letzten Glaubensbuchstaben vom Ausland zu beziehen", statt „in der väterlichen Heimat heiliger Lande" danach zu suchen.[285] Der „Mißdeutung weltflüchtiger, orientalisch bestimmter Theologie" des Christentums wollte Gehrmann deshalb eine „Frohbotschaft nordisch-germanischer Frömmigkeit" entgegensetzen.[286] Er forderte, die „deutsche Seele" müsse sich in „artbewußter Reinheit" von der „Ueberwucherung der judenchristlichen Fremdlehre" losreißen.[287]

Clemens Taesler warnte die Freireligiösen davor, sie dürften sich „nicht von dem den Menschen erniedrigenden Wahnglauben der fernen Fremde täuschen" lassen.[288] Die Freireligiöse Landesgemeinde in Baden schließlich lehnte „sowohl das jüdische wie das römische Fremdgut des christlichen Glaubens" ab.[289]

c) Die Beziehung zu den christlichen Kirchen

aa) Allgemeine Aussagen

Zumindest die südwestdeutschen Gemeinden betonten ihren grundsätzlich christlichen Charakter und die Unverzichtbarkeit der christlichen Werte. Die Beurteilung der christlichen Kirchen fiel hingegen auch bei ihnen weniger positiv aus als die Bewertung des Christentums insgesamt. Auch dort, wo das Christentum in einem günstigen Licht gesehen wurde, grenzten sich die freireligiösen Gemeinden von den Kirchen scharf ab.

---

283 Drews: Das "Wort Gottes", S. 11.

284 Max Gehrmann: Nordische Frömmigkeit, in: Freie Religion 1936, S. 146.

285 Max Gehrmann: Deutsches Gottsuchen, in: Freie Religion 1937, S. 22 f.

286 Gehrmann: Nordische Frömmigkeit, S. 147.

287 Gehrmann: Deutsches Gottsuchen, S. 19.

288 Taesler: Unsere deutsche freie Religion, S. 10.

289 Verfassung der Freireligiösen Landesgemeinde Badens, S. 4.

Die Freireligiöse Gemeinde Frankfurt bezeichnete sich als „unabhängig von den geschichtlich überlieferten Religionsformen und Kirchen".[290] Clemens Taesler warf den Kirchen vor, auf den Kirchenkanzeln dürften „nur Worte aus dem Alten und Neuen Testament benutzt werden, andere so gut wie gar nicht oder höchstens nebenher", während die Freireligiösen „das Gute nehmen überallher".[291] Bei den Großkirchen kritisierte Taesler die „volksentfremdeten hierarchischen Machtgelüste", bei den Sekten hingegen die „staatsfremden selbstgenügsamen Absonderungen". Als Konsequenz forderte er die „Vernichtung des großkirchlichen und sektenhaften Anspruchs auf Alleinseligmachung".[292]

Georg Pick erklärte, die christlichen Kirchen lehrten eine „art- und zeitfremde Weltanschauung, die es zu überwinden gilt, indem man das Artgemäße an ihre Stelle setzt".[293]. Sie hätten in ihrer Dogmatik Inhalte bewahrt, die „sich vom lebendigen Denken immer weiter entfernten" und darüber hinaus „wesensfremd" seien.[294] Die Kirchen seien verwurzelt „in einer Tradition, die zum Teil unserem deutschen Wesen nicht entspricht".[295]

Pick kritisierte auch, daß „beide Kirchen den Nationalsozialismus ablehnen und bekämpfen", weil „ihre religiöse Idee an sich in tödlicher Feindschaft zum Nationalsozialismus" stehe.[296]

Ebenso warf Max Gehrmann den beiden Großkirchen vor, sie verfolgten eine „Politik der Zersetzung jener Werte, denen das deutsche Volk seine Wiedergeburt verdankt".[297]

---

290 Verfassung der Freireligiösen Gemeinde Frankfurt, S. 1.

291 Taesler: Unsere deutsche freie Religion, S. 10.

292 Taesler: Die Daseinsberechtigung der freien religiösen Gemeinden, S. 2.

293 Pick: Ein Briefwechsel über "Die Religion der freien Deutschen", S. 142.

294 Pick: Unsere Deutschen Propheten, S. 4.

295 Pick: Die Lage der freien Religion, S. 82.

296 Pick: Die Freie Religionsgemeinschaft Deutschlands in der religiösen Entwicklung, S. 95 f.

297 Max Gehrmann: Der Verrat an Luther. Zu Alfred Rosenbergs neuer Schrift, in: Freie Religion 1937, S. 139.

bb) Der Katholizismus

Insbesondere die Römisch-Katholische Kirche wurde von Freireligiösen mit großer Schärfe kritisiert. Georg Pick warf dem Katholizismus vor, er sei „international" und an „Lehren und Riten orientalischer Herkunft gebunden". Er wurzele „in seiner Dogmatik und in seinem Brauchtum in den magischen Gedankengängen des Altertums". Der Katholizismus „verachtet den Körper", setze sich ausschließlich für „Ziele, die im Jenseits liegen" ein und stelle deshalb eine „Verschwendung von Volkskraft" dar.[298] Der starke Einfluß der katholischen Kirche beruhe vor allem „auf der Unbildung der Masse, ihrer Befangenheit in magischen Vorstellungen und ihrer Schwäche für äußere Prachtentfaltung". Die katholische Kirche stehe in „Oppositionsstellung zum Staat" und artikuliere „Gefühle der Zurücksetzung und des Hasses".[299] Die katholische Kirche war deshalb für Georg Pick ein „offenbarer Fremdkörper im Volksstaat, der unfähig ist sich ihm einzugliedern", weil der Katholizismus letztlich „dem Wesen des Deutschen Volkes fremd gegenübersteht".[300]

Dennoch hoffte Pick auf eine „neue deutschkatholische Bewegung" die durch eine „religiöse Revolution" zu einer „radikalen Erneuerung des deutschen Katholizismus aus deutschem Geiste" führen sollte. Dieser erneuerte Katholizismus könnte schließlich „mit der evangelischen Kirche zu einem neuen umfassenden Ganzen verschmelzen".[301] Zu einer das ganze Volk umfassenden deutschen Nationalkirche könne der Katholizismus vor allem „von seiner Volksverbundenheit, von seinem Reichtum an Symbolik, seiner Führung zu religiöser Konzentration, seiner feinen seelischen Kultur" sowie „von seiner straffen Organisation" beitragen. Er müsse dafür aber seine „Gebundenheit an eine Tradition, die keine überzeugende Kraft mehr besitzt" sowie seine Bindung an eine „Führung, die mit deutschem Volkstum nicht in tieferem Zusammenhang steht", aufgeben.[302]

---

298 Pick: Die religiöse Lage, S. 6.

299 Pick: Die religiöse Lage, S. 5.

300 Pick: Die Lage der freien Religion, S. 83.

301 Georg Pick: Die Freie Religionsgemeinschaft Deutschlands im religiösen Ringen der Gegenwart. Aus dem Jahresbericht des Vorstehers zum Gemeinschaftstag der FRD in Pforzheim am 6. Juni 1938, in: Freie Religion 1938, S. 106.

302 Georg Pick: Christliche Kirche, germanische Glaubensrichtung, freie Religion und deutsche Zukunft, in: Freie Religion 1933, S. 184.

Dabei war sich Pick im Klaren, daß eine solche Entwicklung das Ende der katholischen Kirche in ihrer traditionellen Gestalt bedeuten müsste. Letztlich erwartete er, der Katholizismus werde in einigen Generationen „sang- und klanglos aus dem Kulturbild des deutschen Volkes verschwunden sein".[303]

cc) Der Protestantismus

Etwas freundlicher fiel die Beurteilung des Protestantismus durch die Freireligiösen aus. Der evangelischen Kirche billigte Georg Pick im Gegensatz zum Katholizismus zu, „aus deutschem Geist erwachsen" zu sein. Zudem seien „unsere deutsche Philosophie und Dichtung" wiederum „aus protestantischem Geiste" hervorgegangen. Freilich seien sie auch „weit über den kirchlichen Boden hinausgewachsen".[304] Im Grundsatz stelle der Protestantismus eine „Verbindung der Werte des Christentums mit dem Anspruch religiöser Freiheit" dar. Um diesem Anspruch gerecht zu werden, müsse er aber seine „absolute Bindung an die heilige Schrift" aufgeben.[305] Pick billigte der evangelischen Kirche der Gegenwart zwar zu, daß sie in „einer Entwicklung begriffen" sei. Zugleich sah er sie aber „auseinandergesprengt" und rechnete damit, daß ihre Rolle „ausgespielt" sei.[306]

Pick lehnte insbesondere die Bekennende Kirche ab. Diese charakterisierte er als eine „regelrechte Oppositionsfront" und verurteilte die „Agitationsreden eines Pfarrer Niemöller".[307] Pick kritisierte aber auch ihre „dogmatische Gebundenheit", da sie „unbeirrt am alten Dogma" festhalte. Sie stehe damit dem Katholizismus „an zeitfremdem Dogmatismus" gleich.[308]

Die Deutschen Christen bewertete Pick demgegenüber wesentlich positiver. Im Vergleich mit der Bekenntniskirche seien die Deutschen Christen „zweifellos zeitgemäßer" und ständen „mit einzelnen ihrer

303 Pick: Die religiöse Lage, S. 6.

304 Pick: Die Lage der freien Religion, S. 83.

305 Pick: Christliche Kirche, S. 184.

306 Pick: Die Lage der freien Religion, S. 83; ders.: Die religiöse Lage, S. 6.

307 Pick: Die Freie Religionsgemeinschaft Deutschlands im religiösen Ringen, S. 106.

308 Pick: Die Lage der freien Religion, S. 83; ders.: Unsere Deutschen Propheten, S. 4; ders.: Die religiöse Lage, S. 6.

Vertreter sogar mit uns in naher Verwandtschaft".[309] Sie seien „viel unmittelbarer im deutschen Geistesleben verwurzelt", weil sie versuchten, „das Christentum mit deutschem Wesen zu verbinden".[310] Pick lobte deshalb einerseits den „guten Willen" und das „positive Bemühen" der Deutschen Christen, die „deutsche Frömmigkeit aus dem Leben zu gestalten". Dennoch sah er in ihnen lediglich eine „Uebergangserscheinung", die den „eigentlichen Keim, aus dem das Neue emporwachsen muß, noch nicht begriffen" habe. Die Deutschen Christen wollten zwar einerseits eine „christliche Kirche sein und lehnen den jüdischen Einfluß ab", andererseits beriefen sie sich „dabei auf die Bibel".[311] Pick konstatierte, daß die Deutschen Christen somit „nicht über die religiöse Tiefe und Entschiedenheit verfügten, die die erste Voraussetzung für eine religiöse Reformation bildet". Sie hätten nicht bemerkt, daß „die Zeit sich mit einer bloßen Reform nicht begnügen kann, sondern daß auch in religiöser Hinsicht eine radikale Erneuerung notwendig" sei.[312]

Max Gehrmann äußerte sich unter Bezug auf Alfred Rosenberg negativer als Pick über die evangelische Kirche, da der „deutsche Protestantismus seinen Gründer verraten" hätte. Die evangelische Kirche praktiziere eine „praktische Verleugnung protestantischen Denkens" und verspiele damit „das große Erbe der Reformation".[313] Der bekennenden Kirche warf Gehrmann eine „verräterische Haltung" vor.[314]

Arthur Drews vertrat eine ähnliche Haltung und erklärte, daß auch der Protestantismus sich „gegenwärtig mit seinem Pochen auf das ungeteilte Evangelium unmittelbar auf dem Wege nach Rom" befinde.[315] Auch Hermann Raschke erwartete von der evangelischen Kirche keine Lösung der religiösen Krise der Gegenwart. Selbst die Deutschen Christen besäßen zwar „viel Idealismus", aber „kein Christentum".[316]

309 Pick: Die religiöse Lage, S. 6.

310 Pick: Die Lage der freien Religion, S. 83.

311 Pick: Unsere Deutschen Propheten, S. 5; ders.: Die religiöse Lage, S. 6.

312 Georg Pick: Die Freie Religionsgemeinschaft Deutschlands im religiösen Ringen, S. 105; ders.: Die religiöse Lage, S. 7.

313 Max Gehrmann: Der Verrat an Luther, S. 137 ff.

314 Gehrmann: Der Verrat an Luther, S. 139.

315 Drews: Das "Wort Gottes", S. 11.

316 Hermann Raschke: Zur Glaubensfrage, in: Freie Religion 1933, S. 134.

Karl Weiß hingegen lobte die Deutschen Christen dafür, daß sie sich um ein „arteigenes Christentum" und um die „Ausschaltung aller jüdischen Werte" aus dem christlichen Glauben bemühten.[317]

An den Aussagen der verschiedenen freireligiösen Vertreter fällt auf, daß sie den christlichen Kirchen vor allem ihre distanzierte Haltung zum nationalsozialistischen Staat vorwerfen. Aus diesem Grund erfahren die Deutschen Christen eine verhältnismäßig positive Bewertung, während die Bekennnende Kirche ebenso wie die Römisch-Katholische Kirche als unversöhnliche Gegner des nationalsozialistischen Systems aufgefaßt und deshalb verurteilt werden.

d) Das Gottesbild

Im Folgenden soll an Beispielen untersucht werden, inwieweit sich freireligiöse Gemeinden zu Recht oder zu Unrecht als „christlich" bezeichnen konnten. Dabei stehen Aussagen derjenigen Gemeinden im Mittelpunkt, die sich selbst ausdrücklich als christlich verstanden. Beispielhaft wurden drei Bereiche herangezogen, die für das Christentum zentrale Bedeutung besitzen: die Gottesvorstellung, die Christologie und die Erlösungslehre.

Zur Gottesvorstellung existieren Aussagen verschiedener freireligiöser Gemeinschaften, die das freireligiöse Gottesbild zu umschreiben suchten. Die Freireligiöse Landesgemeinde in Baden beschrieb Gott als eine „der Welt innewohnende, in ihr sich auswirkende geistige Macht".[318]

Die Freie Religionsgemeinschaft Deutschlands und ähnlich die Offenbacher Gemeinde bekannten sich zum Glauben an Gott als den „ewigen Urgrund alles Seins und Werdens". Gott offenbare sich als der „unzerstörbare Wesensgrund des Menschen" und „schöpferische Kraft alles Daseins".[319] Die Freireligiöse Gemeinde Frankfurt und ganz ähnlich die Freichristliche (freireligiöse) Gemeinde Offenbach betrachteten Gott als den „ewigen schöpferischen Willen, der in der erforschlichen

---

317 Karl Weiß: Wir und die Andern, in: Mitteilungsblatt der Freireligiösen Landesgemeinde Baden 1936, Nr. 2, S. 3.

318 Verfassung der Freireligiösen Landesgemeinde Badens, S. 4.

319 Verfassung der Freien Religionsgemeinschaft Deutschlands, S. 2; Verfassung der Freien Religionsgemeinschaft Deutschlands, Gemeinde Offenbach a. Main, S. 2; Pick/ Taesler: Entwurf eines gemeinsamen Bekenntnisses, S. 76.

Welt unerforschlich waltet und sich vor allem im sittlich-geistigen Wesen des Menschen offenbart".[320]

Clemens Taesler bezeichnete den „ewigen Weltwillen als Gott".[321] Für Taesler war Gott der „alldurchdringende, überbewußte und überpersönliche Einheits- und Lebensgrund der Welt".[322] Georg Pick interpretierte Gott ganz ähnlich als die „der Welt innewohnende ringende Vernunft", wobei die Menschen „nur Verkörperungen dieses göttlichen Willens" darstellten.[323]

Arthur Drews verstand unter Gott „ein höchstes Unbedingtes", einen der Welt „innewohnenden un- und überpersönlichen geistigen Wesensgrund".[324] Er setzte damit die „Weltvernunft mit der Gottheit" gleich.[325] Mit Nachdruck wies Drews hingegen Vorstellungen eines persönlichen Gottes zurück. Gott sei kein „außerweltliches, von der Welt verschiedenes und getrenntesWesen". Diese Vorstellung von einem „persönlichen Schöpfer der Welt" entspreche vielmehr „der semitischen Geistesart".[326]

Ebenso sah auch Max Gehrmann in Gott „nicht eine Person" und wandte sich gegen das persönliche Bild Gottes, „wie er in der jüdisch-christlichen Bibel dargestellt wird".[327]

Gott war für die Freireligiösen nicht mehr ein personhaftes Gegenüber des Gläubigen, wie dies im traditionellen Christentum der Fall war. Anstattdessen wurde unter „Gott" eine unpersönliche Kraft verstanden, die sich im Weltlauf ebenso wie im Inneren des Menschen selbst erfahren läßt. An die Stelle des persönlich aufgefaßten christlichen Gottes trat damit ein unpersönliches, pantheistisches Gottesbild. Die Tren-

---

320 Taesler: Von freireligiösem Wollen, S. 43; Verfassung der Freireligiösen Gemeinde Frankfurt, S. 1; Verfassung der Freichristlichen (Freireligiösen) Gemeinde Offenbach am Main, S. 2.

321 Clemens Taesler: Die Religion als Lebenshalt. Morgenfeier der Freireligiösen Gemeinde Frankfurt a. M. am Frankfurter Rundfunk am 28. Mai 1933, 2. Aufl., Mainz 1941, S. 5.

322 Clemens Taesler: Der liebe Gott und der eherne Gott. Eine Scheidung der Geister, Mainz 1940, S. 12.

323 Pick: Die Religion der freien Deutschen, S. 246 f.

324 Arthur Drews: Richtlinien der Gemeinde Deutsch-Idealistischen Glaubens, in: Freie Religion 1933, S. 77.

325 Drews: Das "Wort Gottes", S. 11.

326 Drews: Richtlinien, S. 77.

327 Gehrmann: Wozu sind wir auf Erden, S. 7.

nung zwischen Gott und Welt und zwischen Gott und Mensch, wie sie für die christliche Theologie grundlegend war, konnte somit für die Freireligiösen hinfällig werden.

e) Christologie

Aus der pantheistischen Gottesvorstellung der Freireligiösen leitete sich auch eine Interpretation der Person Jesu ab, die von der Christologie der christlichen Kirchen in entscheidenden Punkten abweicht. Dabei wurden erhebliche Unterschiede in den Überzeugungen verschiedener Vertreter der Freireligiösen sichtbar.

Max Gehrmann interpretierte die biblische Darstellung Jesu als „legendenhafte Umhüllung eines geschichtlichen Kernes". Dabei betonte er, die Gestalt Jesu sei von „außerordentlichem Persönlichkeitswert".[328] Jesus galt ihm als „weltgeschichtlich überragender Künder und Kämpfer eines Glaubens, der den Fetischdienst des Wortes, der Lehrparagraphen und vor allem des zaubersüchtigen Tempel- und Priesterkultes überwunden" habe.[329] Bei aller Wertschätzung für die Person Jesu wies Gehrmann aber auch darauf hin, daß Jesus für die Freireligiösen „nicht der einzige Führer für das Leben und Streben der Seele" sei.[330]

Die von ihm sehr positiv bewertete Persönlichkeit wie die Lehre Jesu konnte Gehrmann nicht mit seinen Vorstellungen vom Judentum in Übereinstimmung bringen. Er schloß sich daher an Spekulationen an, wonach Jesus kein Jude, sondern „arischer" Abstammung gewesen sein müsse. Gehrmann behauptete, eine „Zugehörigkeit zur jüdischen Rasse" sei für Jesus „unbeweisbar". Eine jüdische Abstammung Jesu lasse sich „jedenfalls nicht durch seine Lehre begründen".[331]

Hermann Raschke hingegen bewertete die Person wie die Lehre Jesu negativer. Er erklärte, der „Arier Jesus" sei nichts als ein „reines Wunschgebilde". „Arisch ist an dieser ganzen Gestalt rein gar nichts".

---

328 Gehrmann: Freie Religionsgemeinschaft Deutschlands. Zusammenfassung, S. 12 f.

329 Gehrmann: Freie Religionsgemeinschaft Deutschlands. Zusammenfassung, S. 28.

330 Gehrmann: Freie Religionsgemeinschaft Deutschlands. Zusammenfassung, S. 28.

331 Gehrmann: Freie Religionsgemeinschaft Deutschlands. Zusammenfassung, S. 12.

Auch wenn „nicht alles jüdisch" sei, so erschien Jesus nach Raschkes Auffassung doch zumindest als „syrisch und damit semitisch".[332]

Arthur Drews stimmte der Auffassung zu, daß „Jesus der Arier" ein „bloßes Wunschbild" sei. Er konnte „keine Veranlassung" dazu erkennen, eine „nordische Herkunft Jesu" anzunehmen.[333]
Im Gegensatz zu Gehrmann und Raschke war für Drews die Frage nach der Herkunft und Abstammung Jesu aber auch deswegen von geringerer Relevanz, weil Drews die Person Jesu grundsätzlich für eine mythische Gestalt und nicht für eine historische Persönlichkeit hielt. Diese Überzeugung hatte er in mehreren Büchern ausführlich dargelegt.[334]

Auch für Clemens Taesler stellte sich die Frage nach der geschichtlichen Existenz Jesu nicht als vorrangig dar. Christus galt ihm als das „von Anfang an dichterisch verklärte Idealbild eines heldenhaften Kämpfers für religiöse Innerlichkeit und darum gegen das Priestertum, gegen den Opfertempel und das Ritualgesetz der Juden". Eine „geschichtliche Person als Vorlage" dieses Idealbilds sei aber „weder notwendig noch erweisbar". Ob Jesus tatsächlich gelebt hat und ob die biblische Überlieferung zu seiner Person und seiner Lehre einen geschichtlichen Kern aufweist, war damit unwesentlich geworden. Das „Idealbild" blieb als solches bestehen, auch wenn es nicht mehr historisch, sondern als Dichtung aufgefaßt wurde. Eine derartige „symbolische oder sinnbildliche Auffassung des Christus" betrachtete Taesler als eine „berechtigte Form des Christentums".[335]

Die Verfassung der Freireligiösen Gemeinde in Frankfurt bezeichnete die „Jesus-Gestalt der Evangelien" als das „für unseren Kulturkreis lebendigste und wirkungsvollste Idealbild sittlichen und religiösen Lebens". Dies gelte „unabhängig von ihrer Geschichtlichkeit".[336]

Die Beispiele zeigen, daß die Vorstellungen und Bewertungen, die sich auf die Person Jesu bezogen, unter den Freireligiösen kontrovers diskutiert wurden. Einige, wie Max Gehrmann, sahen in Jesus einen vorbildlichen Menschen. Da sich gemäß der rassistischen Vorstellungen

332 Raschke: Zur Glaubensfrage, S. 133.

333 Drews: Jesus der Arier, S. 20 ff.

334 Arthur Drews: Die Christusmythe, Jena 1924; ders.: Hat Jesus gelebt? 3. Aufl., Neustadt/R. 1994.

335 Taesler: Unsere deutsche freie Religion, S. 7.

336 Verfassung der Freireligiösen Gemeinde Frankfurt, S. 2.

vom Judentum ein jüdischer Jesus mit diesem Vorbildcharakter nicht vereinbaren ließ, wurde aus Jesus so ein „Arier".

Hermann Raschke ließ auch diese Vorbildfunktion Jesu nicht mehr gelten und distanzierte sich von dem „Semiten" Jesus. Andere, wie Arthur Drews oder Clemens Taesler, lehnten die Vorstellung einer geschichtlichen Existenz Jesu grundsätzlich ab und betrachteten die Person Jesu nur noch als ein dichterisches Idealbild.

Unabhängig davon, ob die Freireligiösen Jesus aber als Semiten, als Arier oder als mythische Gestalt auffaßten, eint eine Gemeinsamkeit diese vielfältigen Überzeugungen: alle lehnten sie die traditionelle christliche Auffassung von Jesus Christus als Gottessohn und Erlöser der Menschheit ab. Die zentrale Bedeutung, welche die Person Jesu Christi als Sohn Gottes in der christlichen Glaubenslehre einnimmt, wurde somit von den Freireligiösen relativiert und auf einen guten Menschen oder ein „Idealbild" begrenzt.

f) Soteriologie und Menschenbild

Die Erlösungslehre hängt im Christentum unmittelbar mit der Christologie zusammen. Da sich die freireligiösen Gemeinden in der Interpretation der Person Jesu vom traditionellen Christentum fundamental unterschieden, wirkte sich dies auch auf das Verständnis von der Erlösung aus. Da Jesus als Mensch oder Mythos und nicht als göttlicher Erlöser der Menschheit verstanden wurde, blieb für die traditionelle Soteriologie kein Raum.

Anstattdessen wurde die Erlösung durch den Menschen selbst erwartet. So erklärte Georg Pick, daß „ein Funke der ewigen Weltkraft in uns selber lebt".[337] Die traditionelle christliche Vorstellung vom „Blutopfer Christi" sei hingegen „dem deutschen Empfinden etwas Fremdes".[338] Die Freireligiöse Gemeinde in Frankfurt vertrat die Idee der unbedingten „Einheit des menschlichen Daseins mit dem göttlichen". Diese Einheit zwischen Mensch und Gott setzte sie mit dem „Evangelium Jesu von der Gotteskindschaft" gleich.[339]

Clemens Taesler betrachtete die „Gotteskindschaft" als „Sinnbild der unbedingten Einheit des menschlichen Daseins mit dem göttlichen".

337 Pick: Das Wesen der Freien Religion, S. 6.

338 Pick: Die Religion des deutschen Idealismus, S. 5.

339 Verfassung der Freireligiösen Gemeinde Frankfurt, S. 2.

Der Mensch besitze die Fähigkeit, „göttliche Kräfte in seinem Erdenleben zu verwirklichen, sich zu vergöttlichen". Die so verstandene „Frohbotschaft der Gotteskindschaft", die „Christusidee oder die Idee des Gottmenschen" deutete Teasler als „Wesen des Christentums in einer undogmatischen Auffassung".[340] Diese „Christus-, die Gottmenschen-Idee", der Gedanke von der Göttlichkeit des Menschen, sei ursprünglich aus „arischem Lichtglauben geflossen".[341]

Die freireligiösen Gemeinden vertraten damit ein optimistisches Welt- und Menschenbild, worin der Dualismus zwischen Gott und Welt bzw. Gott und Mensch aufgehoben wurde. „Gottmensch" im Sinne Taeslers war derjenige, der die Einheit zwischen Gott und Mensch erkennt und des Göttlichen in sich selbst inne wird. Der Mensch war damit grundsätzlich gut und mußte nur noch zur Erkenntnis seiner Verbundenheit mit dem Göttlichen gebracht werden. Folgerichtig lehnte die Frankfurter Gemeinde die „Glaubenssatzung von der grundsätzlichen Verderbtheit der menschlichen Natur", die Lehre von der Erbsünde, mit Entschiedenheit ab.[342] Die FRD bekannte sich in ihrer Satzung zu der Überzeugung, der Mensch besitze die Fähigkeit, „sich von seiner Naturgebundenheit durch sittliche Gesinnung und Tat zu erlösen".[343] Eine Vermittlung zwischen Gott und Mensch, insbesondere ein Erlöser als Mittler war damit überflüssig. Arthur Drews verwarf daher den Gedanken einer „Mittlerschaft zwischen Gott und Welt". An die Stelle der äußeren Vermittlung müsse die „Selbsterlösung" des Menschen treten.[344]

Mit dem optimistischen Menschenbild der Freireligiösen und dem Gedanken der Selbsterlösung des Menschen ließ sich die traditionelle christliche Lehre von dem Kreuzestod Jesu Christi als Sühnopfer nicht vereinbaren. Konsequent wurde die „Lehre von der Blutopfer-Erlösung" von Einzelpersonen wie Max Gehrmann ebenso wie von Gemeinden und Gemeindeverbänden ausdrücklich abgelehnt.[345]

---

340 Taesler: Unsere deutsche freie Religion, S. 7.

341 Taesler: Unsere deutsche freie Religion, S. 8.

342 Verfassung der Freireligiösen Gemeinde Frankfurt, S. 1.

343 Verfassung der Freien Religionsgemeinschaft Deutschlands, S. 2.

344 Drews: Richtlinien, S. 77.

345 Gehrmann: Freie Religionsgemeinschaft Deutschlands. Zusammenfassung, S. 28; Verfassung der Freien Religionsgemeinschaft Deutschlands, S. 2; Verfassung der Freichristlichen (Freireligiösen) Gemeinde Offenbach am Main, S. 2; Verfassung der Freien Religionsgemeinschaft Deutschlands, Gemeinde

Die Ausdrucksweise, mit der Freireligiöse ihre Vorstellungen von der Beziehung zwischen Gott und Mensch und der Erlösung beschrieben, unterschied sich beträchtlich. Während sich Clemens Taesler in seinen Formulierungen eng an die traditionelle kirchliche Ausdrucksweise anlehnte und traditionelle Begriffe mit neuem Inhalt füllte, verwendeten andere freireligiöse Vertreter eine neutralere Ausdrucksweise.

Bei aller Vielfalt in den Formulierungen bestand aber eine grundsätzliche Übereinstimmung in den Aussagen der Freireligösen. Die Soteriologie der Freireligiösen, die hier zum Ausdruck kam, basierte nicht mehr auf der traditionellen Vorstellung eines göttlichen Erlösungsakts. Weil der Mensch in der Lage ist, sich durch eigene Bemühung zu vervollkommnen, ist eine Erlösung durch göttliche Gnade nicht erforderlich. Der Mensch findet Gott bzw. das Göttliche in sich selbst und ist nicht länger auf ein Eingreifen Gottes oder auf einen Erlöser (Christus) angewiesen.

Die für das Christentum konstitutive Distanz zwischen Mensch und Gott sowie Gott und Welt ist in der pantheistischen freireligiösen Weltanschauung nicht existent. Deshalb benötigt der Mensch in der freien Religion im Gegensatz zum Christentum keine Rechtfertigung gegenüber Gott. Ohne das Bedürfnis nach Rechtfertigung ist für den Freireligiösen auch keine Mittlerschaft Jesu Christi erforderlich.[346]

Die Beispiele freireligiöser Aussagen zum Gottesbild, zur Christologie und zur Soteriologie zeigen deutlich, daß die freireligiösen Gemeinden zu diesem Zeitpunkt ihre ursprünglich christliche Basis längst aufgegeben hatten. Die Ähnlichkeiten in den Formulierungen zwischen manchen freireligiösen Aussagen und traditionellen christlichen Lehren können nicht darüber hinwegtäuschen, daß die freireligiösen Gemeinden eine substantiell vom Christentum abweichende Religion vertraten. Die pantheistische, optimistische freie Religion war mit dem Christentum der altkirchlichen Symbole und der Bekenntnisschriften nicht mehr in Übereinstimmung zu bringen. Auch wenn einzelne freireligiöse Gemeinden sich noch als „christlich" bezeichneten, entsprach diese Benennung nicht dem Inhalt ihrer Religion. Die Freireligiösen waren keine Christen mehr.

Offenbach a. Main, S. 2; Verfassung der Freireligiösen Gemeinde Frankfurt, S. 1.

346 Pitzer: Art. "Freireligiöse Bewegung(en)", S. 569.

6) Freireligiöse Traditionslinien

Während im traditionellen Christentum die Person Jesu Christi als Zentrum und Ursprung des Glaubens betrachtet wird, blieb die Bedeutung Jesu für die Freireligiösen begrenzt. Er konnte als vorbildlicher Mensch oder als dichterisches Idealbild Anerkennung finden oder auch gänzlich ignoriert werden.

Anstatt sich einzig auf die Person Jesu zu beziehen, beriefen sich die Freireligiösen auf eine große Zahl an Wegbereitern und Vorbildern. So betrachtete die freireligiöse Gemeinde in Frankfurt „alle die Lichtgestalten der Menschheit, insbesondere des deutschen Volkes, die die Menschen durch Beispiel und Lehre zu veredeln und dem Ewigen näher zu führen vermögen", als „religiöse Heilsbringer".[347] Im Folgenden wird daher in einem Überblick zusammengefaßt, welche Persönlichkeiten von Freireligiösen als Vorbilder ihres Glaubens und Denkens herausgestellt wurden.

a) Das Altertum

Bezüge auf das Altertum finden sich im freireligösen Schrifttum nicht häufig. Georg Pick sprach von Zarathustra, Laotse, Kungfutse und Buddha als den „großen Weisen" und „bahnbrechenden Lebensdeutern Asiens". Insbesondere die Lehre Zarathustras fand als „von arischem Geiste durchdrungener, lebensbejahender, taten- und kampffroher Glaube" Anerkennung. Dieser Einschätzung schloß sich auch Max Gehrmann an.[348]

Eine „geschichtlich viel unmittelbarere Wirkung" schrieb Pick aber demgegenüber den griechischen Philosophen Sokrates, Plato, Aristoteles und Plotin zu. Gehrmann sprach in diesem Zusammenhang von einem „artverwandten Empfinden" der Deutschen gegenüber der griechischen Klassik.[349]

In den Religionsstiftern und Weisen des Altertums sah Pick „Gestalten, denen wir wirklich noch etwas an Lebenstiefe und Blick für den Sinn

---

347 Verfassung der Freireligiösen Gemeinde Frankfurt, S. 2.

348 Gehrmann: Freie Religionsgemeinschaft Deutschlands. Zusammenfassung, S. 10 f.; Pick: Die Religion der freien Deutschen, S. 248; ders.: Unsere Deutschen Propheten, S. 8.

349 Gehrmann: Freie Religionsgemeinschaft Deutschlands. Zusammenfassung, S. 8; Pick: Unsere Deutschen Propheten, S. 9.

des Lebens abgewinnen können". Dennoch könnten diese Persönlichkeiten „nur als Wegbereiter anerkannt werden".[350]

b) Die Deutsche Mystik

Wesentlich häufiger als die Religionstifter und Philosophen des Altertums wurden die Mystiker des Mittelalters als Vorbilder herausgestellt. In der deutschen Mystik des Mittelalters, insbesondere in der Philosophie Meister Eckharts, begann für die Freireligiösen die Reihe der „großen deutschen Geisteshelden". Sie galten als die „Evangelisten unserer Art", als „Künder und Deuter deutschen Ewigkeitserlebens" und wurden als „unsere großen deutschen Religionskünder, unsere großen deutschen Geister" gefeiert.[351] Zu diesen großen Vorbildern zählten neben Meister Eckhart auch Heinrich Seuse und Johannes Tauler.[352]

Hermann Raschke erklärte, die deutsche Mystik sei die „Frucht einer Mischung des germanischen Geistes mit dem christlichen".[353] Die deutschen Mystiker verkündeten nach der Interpretation Max Gehrmanns eine „Botschaft religiösen Deutschtums, das aus ureigener Tiefe und Kraft strömt".[354] Diese Botschaft stellte für Hermann Schwarz „Licht, Brot und Leben für ‚deutsche' Glaubensbewegungen jeglicher Art" dar.[355] Georg Pick schließlich deklarierte die deutsche Mystik als eine „neue große Offenbarung deutscher Religion" und als den „Durchbruch der germanischen Seele".[356]

Meister Eckhart nahm dabei für die Freireligiösen eine zentrale Position ein. Nach Ernst Bergmann verkündete Eckhart eine „deutsche Reli-

---

350 Pick: Unsere Deutschen Propheten, S. 8 f.

351 Gehrmann: Deutsches Evangelium, in: Freie Religion 1933, S. 140; Schwarz: Deutsches Ewigkeitsbewußtsein, S. 11; Taesler: Unsere deutsche freie Religion, S. 8 f.

352 Gehrmann: Die Religion der freien Deutschen, S. 67; ders.: Freie Religionsgemeinschaft Deutschlands. Zusammenfassung, S. 20; Pick: Die Religion der freien Deutschen, S. 49.

353 Raschke: Zur Glaubensfrage, S. 134.

354 Max Gehrmann: Vorwort, in: Deutsche Glaubensweise. Gedichte und Sprüche für die Jugend, Mainz o. J., S. 3.

355 Schwarz: Deutscher Glaube, S. 133.

356 Pick: Das Wesen der Freien Religion, S. 9; ders.: Unsere Deutschen Propheten, S. 13.

gion".[357] Johannes Keuchel charakterisierte Eckhart als einen „wahrhaft deutschen Volksgenossen", dem eine „Weiterbildung deutschen Glaubens" zu verdanken sei.[358] Max Gehrmann zählte ihn unter die „größten Vorkämpfer freier Religion aus deutscher Art".[359] Hermann Schwarz rühmte, Meister Eckhart habe „Deutschheit und Christlichkeit" miteinander verbunden.[360] Für Georg Pick galt Eckhart als „Meister deutschen religiösen Denkens und echt germanisch".[361] Als „bahnbrechender Philosoph deutschen Glaubens" habe Eckhart der „Grundmelodie deutschen Glaubens" Ausdruck verliehen.[362] Er habe eine „geistige Religion vertreten, die gleicherweise frei von Aberglauben wie von wesensfremdem Einfluß" war. Dadurch wurde gemäß Picks Auffassung die „Religion auf ihren reinsten Gehalt zurück" geführt.[363]

Dennoch äußerte Pick bei aller Hochschätzung auch eine leichte Kritik an Eckharts Philosophie. Eckhart sei „noch mittelalterlicher Mensch" gewesen mit „manchen Bindungen an seine Zeit, die für uns nicht wesentlich sind". Deshalb habe er sich „noch nicht in voller Harmonie" befunden.[364] Weil Eckhart noch „ein Stück orientalischer Mystik" bewahrt habe, sei deshalb seine Philosophie „als Ganze nicht mehr die unsere".[365]

Diese Abgrenzung, die Pick von Meister Eckhart vornahm, stellte aber eine Ausnahme dar. Zumeist wurde die Verankerung der mittelalterlichen Mystik im Christentum ignoriert und Meister Eckhart als Vertreter „deutschen Glaubens" für die Freireligiösen vereinnahmt. Dort, wo der Bezug zum Christentum zur Sprache kam, wurde darunter eher die pantheistische Weltsicht verstanden, die von einigen freireligiösen

---

357 Ernst Bergmann: Das Gottesbild des Meisters, in: Deutsches Werden 1936, Nr. 10, S. 1.

358 Johannes Keuchel: Meister Eckehart (1260 - 1327), in: Deutsche Glaubenswarte 1934, S. 128.

359 Gehrmann: Deutsches Evangelium, S. 136; ders.: Freie Religionsgemeinschaft Deutschlands. Zusammenfassung, S. 20.

360 Schwarz: Deutscher Glaube, S. 132.

361 Pick: Die Religion der freien Deutschen, S. 42.

362 Pick: Unsere Deutschen Propheten, S. 15.

363 Pick: Die Religion des deutschen Idealismus, S. 6.

364 Pick: Die Religion der freien Deutschen, S. 49; ders.: Unsere Deutschen Propheten, S. 15.

365 Pick: Die Religion der freien Deutschen, S. 50.

Gemeinden als undogmatische Variante des Christentums propagiert wurde.

Eine ähnliche Situation läßt sich bei der Beziehung der Freireligiösen zu Nikolaus von Kues feststellen. Einerseits gehörte er zu den wichtigen Vorbildern der Freireligiösen und genoß hohe Wertschätzung für seine philosophischen Äußerungen. Andererseits wurde dabei sein Wirken als Kardinal und seine Loyalität gegenüber der Römisch-Katholischen Kirche als Institution gewöhnlich ausgeblendet.[366]

c) Die Reformation

Während die Vorbildfunktion der deutschen Mystik unter den Freireligiösen eine fast einhellige Zustimmung fand, fiel die Bewertung der Reformation weniger einheitlich aus. Max Gehrmann wertete die Reformation als „Fortschritt auf dem Wege zur Befreiung des deutschen Glaubens von der Befehlsgewalt der römischen Lehre".[367] Die Reformatoren wie Luther und Zwingli hätten „Gott auf deutsche Art" gesucht.[368] Clemens Taesler sah in Luther den „Lichtgeist der deutschen Reformation". Er habe den „Grundsatz der sittlichen Freiheit des Gewissens und der religiösen Selbstverantwortung" gegenüber der katholischen Hierarchie verteidigt.[369] Arthur Drews erklärte, Luther habe sich „gegen diese Veräußerlichung und Erstarrung der Religion" in der katholischen Kirche eingesetzt.[370]

Trotz dieser positiven Stimmen fiel die Bewertung Martin Luthers durch die Freireligiösen zwiespältig aus. Georg Pick schrieb Luther ebenso wie Eckhart eine „Synthese von Christentum und Germanentum" zu.[371] Dabei lobte Pick einerseits die „germanische Seelenhaltung" Luthers sowie den Ausdruck des „deutschen Charakters" und der „deutschen Seele" in Luthers Wirken. Dennoch sei der

---

366 Gehrmann: Freie Religionsgemeinschaft Deutschlands. Zusammenfassung, S. 20; Pick: Die Religion der freien Deutschen, S. 59; ders.: Unsere Deutschen Propheten, S. 15.

367 Gehrmann: Freie Religionsgemeinschaft Deutschlands. Zusammenfassung, S. 20.

368 Gehrmann: Deutsches Evangelium, S. 137; ders.: Deutsches Gottsuchen, S. 20; ders.: Die Religion der freien Deutschen, S. 67.

369 Taesler: Unsere deutsche freie Religion, S. 5.

370 Drews: Das "Wort Gottes", S. 9.

371 Pick: Die Religion der freien Deutschen, S. 58.

„Abstand von ihm" für die Freireligiösen „groß" geworden.[372] Auch für Hermann Schwarz stellte Luther „keine religiöse Vollendung" dar.[373]

Der auf Luther folgende Protestantismus wurde von den Freireligiösen einheitlich kritisch betrachtet. Das *Deutsche Werden* kennzeichnete den Protestantismus als eine „Halbheit".[374] Max Gehrmann erklärte, der Protestantismus „versäumte es freilich, das begonnene Glaubenswerk folgerichtig durchzuführen".[375] Georg Pick erkannte den Protestantismus zwar als einen „bedeutenden Schritt auf dem Wege des deutschen Volkes zu sich selbst" an.[376] Letzlich sah er im Protestantismus aber lediglich ein „Gebilde des Übergangs" zwischen dem traditionellen Katholizismus und der freien Religion der Zukunft.[377]

Eine positivere Wertung erfuhr wiederum die aus dem Protestantismus hervorgegangene Mystik der frühen Neuzeit. Männer wie Sebastian Franck, Valentin Weigel, Jakob Böhme und Angelus Silesius galten als „echt deutsche Gottsucher und -kämpfer". Diese „aus dem Protestantismus kommende und über ihn hinauswachsende Mystik" erhielt unter den Freireligiösen einhellige Zustimmung.[378]

Auch Giordano Bruno wurde in diesen Zusammenhang gestellt, wobei Max Gehrmann ausdrücklich darauf hinwies, Bruno sei „mütterlicherseits deutschblütig" gewesen.[379]

---

372 Pick: Unsere Deutschen Propheten, S. 16.

373 Schwarz: Deutscher Glaube, S. 132.

374 M.: Gedanken zur Reformation, S. 3.

375 Gehrmann: Freie Religionsgemeinschaft Deutschlands. Zusammenfassung, S. 20.

376 Pick: Die Religion der freien Deutschen, S. 58.

377 Pick: Die Religion der freien Deutschen, S. 57.

378 Bergmann: Das Gottesbild, S. 2; Gehrmann: Deutsches Evangelium, S. 137; ders.: Deutsches Gottsuchen, S. 20; ders.: Die Religion der freien Deutschen, S. 67; ders.: Freie Religionsgemeinschaft Deutschlands. Zusammenfassung, S. 20; Pick: Die Religion der freien Deutschen, S. 59; ders.: Die Religion des deutschen Idealismus, S. 6; ders.: Unsere Deutschen Propheten, S. 17; Schwarz: Deutsches Ewigkeitsbewußtsein, S. 11; Taesler: Unsere deutsche freie Religion, S. 9 f.

379 Gehrmann: Freie Religionsgemeinschaft Deutschlands. Zusammenfassung, S. 17.

d) Der Deutsche Idealismus

Noch wichtiger als die Mystiker des Mittelalters und der Reformationszeit war den freireligiösen Gemeinden der Bezug auf den Deutschen Idealismus des 18. und frühen 19. Jahrhunderts. Die Werke der deutschen Klassiker galten ihnen als Epitome deutschen Geistes und vollendete Formulierung des eigenen religiösen Empfindens. Zu diesen großen Vorbildern zählten Gottfried Wilhelm Leibniz, Friedrich d. Gr., Gotthold Ephraim Lessing, Johann Georg Hamann, Johann Gottfried Herder, Friedrich Schiller, F. E. D. Schleiermacher, Friedrich Hölderlin, G. W. F. Hegel und F. W. J. Schelling. In besonderem Maß herausgestellt wurden häufig Immanuel Kant als Vertreter einer „deutschen Frömmigkeit", Johann Gottlieb Fichte als der „große Redner an die deutsche Nation", und vor allem Johann Wolfgang Goethe. Goethe galt als „letzte Vollendung" und „letzter Gipfelpunkt" an „deutscher Glaubenserkenntnis", als ein „Höhepunkt, der nicht mehr erreicht werden wird".[380]

Für Georg Pick stellten die „großen Denker und Dichter des deutschen Idealismus" die „Vollendung" der deutschen Religion dar. Im „Freiheitsdrang des germanischen Menschen" konnte der „deutsche Geist seine Schwingen ausbreiten wie nie zuvor" und in den Werken der deutschen Klassik „eine gewaltige Offenbarung" erschaffen, der „nur wenige Völker etwas ähnliches an die Seite stellen können".[381] Die „große Leistung des deutschen Idealismus" sah Pick darin, daß die deutsche Klassik ein „altarisches Erbe weiterentwickelte".[382]

Max Gehrmann teilte diese Auffassung über den vorbildlichen Charakter der deutschen Klassik. Der deutsche Idealismus habe als „Glaube urdeutscher Art" eine „stolze Höhe des religiösen Selbstbewußtseins" erreicht. Er habe das „Ideal der Freiheit" verkündet. Darüber hinaus

---

380 Bergmann: Das Gottesbild, S. 2; Drews: Das "Wort Gottes", S. 11; Gehrmann: Deutsches Evangelium, S. 137 f.; ders.: Freie Religionsgemeinschaft Deutschlands. Zusammenfassung, S. 20 f.; ders.: Die Religion der freien Deutschen, S. 67; Pick: Die Religion der freien Deutschen, S. 59 ff.; ders.: Die Religion des deutschen Idealismus, S. 6 f.; ders.: Unsere Deutschen Propheten, S. 18 ff.; Schwarz: Deutsches Ewigkeitsbewußtsein, S. 11; Taesler: Unsere deutsche freie Religion, S. 6 ff.

381 Pick: Das Wesen der Freien Religion, S. 9; ders.: Unsere Deutschen Propheten, S. 17 f.

382 Pick: Die Religion der freien Deutschen, S. 16.

habe er auch eine „rein sinnbildliche Geltung" des Christentums entwickelt.[383]

e) Das 19. Jahrhundert

Von den Dichtern und Philosophen des 19. Jahrhunderts zählten Ernst Moritz Arndt, Joseph Frhr. v. Eichendorff, Friedrich Rückert, Arthur Schopenhauer, Nikolaus Lenau, Emanuel Geibel, Gottfried Keller, Conrad Ferdinand Meyer, Paul de Lagarde, Hans Thoma und Eduard v. Hartmann zu den Vorbildern der freien Religion. Besonders hervorgehoben wurden dabei Richard Wagner, dessen Wirken „aus edelstem germanischen Geiste" hervorgegangen sei, und vor allem Friedrich Nietzsche, der „deutsche Künder starken Lebens" und Prediger einer „gottlosen Frömigkeit".[384]

Georg Pick fügte dieser Reihe noch Houston Stewart Chamberlain hinzu, der ihm als „philosophische Brücke vom deutschen Idealismus zum Nationalsozialismus" galt.[385]

Während alle diese Persönlichkeiten eine mehr oder minder große Übereinstimmung mit den weltanschaulichen Vorstellungen der Freireligiösen aufwiesen, gab es keine organisatorische oder institutionelle Verbindung zwischen ihnen und den freireligiösen Gemeinden. Anders war dies mit den Gründervätern der freireligiösen Bewegung in der Mitte des 19. Jahrhunderts. Die Deutschkatholiken und Protestantischen Freunde um Johannes Ronge und Eduard Balzer bezeichnete Georg Pick als eine „elementar aus dem deutschen Empfinden hervorbrechende religiöse Bewegung". Ihr vornehmstes Ziel sei es gewesen, „Deutschland von dem unheilvollen und sinnlosen Zwiespalt der Konfessionen zu erlösen". Hier habe der „heilige Gral freien deutschen

---

383 Gehrmann: Freie Religionsgemeinschaft Deutschlands. Zusammenfassung, S. 21.

384 Drews: Das "Wort Gottes", S. 11; Gehrmann: Deutsches Evangelium, S. 138 f.; ders.: Freie Religionsgemeinschaft Deutschlands. Zusammenfassung, S. 21; ders.: Die Religion der freien Deutschen, S. 67; Pick: Die Religion der freien Deutschen, S. 63 ff.; ders.: Die Religion des deutschen Idealismus, S. 7 f.; ders.: Unsere Deutschen Propheten, S. 21 f.; Clemens Taesler: "Frisch, fromm, fröhlich, frei!" als Losung deutscher freier Religion. Predigt zur Jugendweihe (Konfirmation), Mainz 1941, S. 4; ders.: Der liebe Gott, S. 8; ders.: Unsere deutsche freie Religion, S. 8 ff.

385 Pick: Die Religion der freien Deutschen, S. 63.

Glaubens" eine neue Heimat gefunden.[386] Sie erstrebten nach Taesler eine „freie deutsche Volkskirche". In dieser Volkskirche sollten die Gläubigen „unbehindert von Priesterbevormundung und Priesterherrschaft" bleiben, da „kein Glaubenszwang" darin bestünde.[387] Max Gehrmann hob das „Bewußtsein ihrer deutschen Sendung" unter den Deutschkatholiken und Protestantischen Freunden besonders hervor.[388]

Die Freireligiösen Gemeinden, die aus dem Zusammenschluß dieser beiden Strömungen hervorgingen, orientierten sich nach Pick an den deutschen Klassikern, lebten „aus ihrem Geiste" und entwickelten Kultus und Verkündigung „mit innerer Notwendigkeit aus dem Glaubensgut des deutschen Volkes".[389]

7) Die „Religion der freien Deutschen"

a) „Deutsche Religion"

Nach der „Machtergreifung" 1933 beeilten sich manche Gemeinden, ihre Treue gegenüber den neuen Machthabern auch durch äußerliche Umbenennungen zu demonstrieren. Vor allem die Gemeinden des früheren *Volksbunds für Geistesfreiheit* versuchten sich so von dem Verdacht einer oppositionellen Haltung zu befreien.

Carl Peter, der Geschäftsführer des Bundes, gab den Gemeinden eine Vorgabe dazu, indem er erklärte, „freireligiös heißt deutschreligiös, freireligiöser Glaube ist deutscher Glaube".[390] Die Freireligiöse Gemeinde in Berlin ersetzte in ihrer Satzung die Bezeichnung „freireligiös" durch „deutschgläubig" und nannte sich seither „Gemeinde deutschen Glaubens".[391] Auch der Vorstand der Freireligiösen Ge-

---

386 Pick: Die Gründung der Freien Religionsgemeinschaft Deutschlands, S. 83; ders.: Unsere Deutschen Propheten, S. 22.

387 Taesler: Unsere deutsche freie Religion, S. 4.

388 Gehrmann: Freie Religion und Staat, S. 129.

389 Pick: Das Wesen der Freien Religion, S. 9; ders.: Unsere Deutschen Propheten, S. 22.

390 Peter: An unsere Bundesmitglieder, S. 125.

391 Urschrift. Ausserordentliche Delegiertenversammlung am 18. 10. 33, abgedruckt in: Freigeistige Gemeinschaft (Freireligiöse Gemeinde) Berlin e. V. (Hrsg.): Geschichte der Freireligiösen Gemeinde Berlin 1845 - 1945, Dortmund 1981, S. 82.

meinde in Fürth wies die Gemeindemitglieder darauf hin, sich in Zukunft nicht mehr als „freireligiös", sondern als „deutschgläubig" zu bezeichnen.[392]

In den folgenden Jahren änderte sich in den freireligiösen Gemeinden mehr als nur die Bezeichnung. Mehr und mehr wurden die nationalistischen und rassistischen Vorstellungen der nationalsozialistischen Ideologie übernommen und als eigentlicher Kern der freien Religion ausgegeben. Zunächst wurde dabei ein „deutscher Glaube" bzw. eine „deutsche Religion" propagiert, deren Verkünder die freireligiösen Gemeinden sein sollten.

Carl Peter charakterisierte die freie Religion als einen „deutschen Glauben", der darüber hinaus als „Grundlage der Volkseinheit" dienen könne. Den BFGD beschrieb Peter als eine Gemeinschaft, die „sich abkehrt von undeutschen Überlieferungen".[393] Der Bund trete „für deutschen Glauben" sowie „für deutsches Volkstum" ein.[394]

Ernst Bergmann bezeichnete die freie Religion als „unsern artrechten nordisch-germanisch-deutschen Gottesglauben" und definierte sie als ein „Evangelium aus Blut und Boden".[395] Die Freireligiösen waren nach Bergmanns Deutung Verkünder einer „arteigenen deutschen Religion".[396] Bergmann betonte den „arteigenen und artbewußten Charakter" der freien Religion. Zu den Glaubensinhalten der freien Religion rechnete er den Glauben „an das ewige Deutschland, an Führer, Volk und Vaterland, an Blut und Boden und Ahnenerbe".[397]

Die Gemeinschaft Deutsche Volksreligion vertrat eine „artgemäße Religion" und wies in ihren Grundsätzen darauf hin, daß sie „kein fremdreligiöses Glaubensgut verwendet". Vielmehr sei sie „getragen von einem starken Deutschbewußtsein" und wolle das deutsche Volk „von Einflüssen fremder Kulturmächte" befreien.[398] Im *Deutschen Werden* hieß es, die Freireligiösen hätten als „Deutschreligiöse" eine „heilige

---

392 Freireligiöse Gemeinde Fürth i. Bay.: An unsere Mitglieder, Fürth 1933, S. 1.

393 Peter: Die Freireligiösen, S. 20.

394 Peter: 75 Jahre Bund Freireligiöser Gemeinden, S. 19.

395 Bergmann: Nordisch-germanischer Glaube oder Christentum, S. 141.

396 Ernst Bergmann: Gibt es eine artrechte deutsche Religion? In: Deutsches Werden 1935, Nr. 9, S. 3.

397 Bergmann: Brauchen wir eine deutsche Religion, S. 1.

398 Die Grundsätze der Gemeinschaft Deutsche Volksreligion, in: Deutsches Werden 1937, Nr. 10, S. 8.

ge Verpflichtung" gegenüber „Blut und Boden, Volk und Heimat, Nation und Vaterland".[399]

Die Freichristliche (Freireligiöse) Gemeinde Offenbach sah sich „im Einklang mit dem Geiste des deutschen Volkstums".[400] Erich Schramm erklärte, die Freireligiösen hätten sich „unmittelbar aus deutschem Volkstum" und „aus freier deutscher Seele heraus" als eine „rein deutsche" Bewegung entwickelt. Im Gegensatz zu den christlichen Kirchen seien die freireligiösen Gemeinden auch durch „keinerlei artfremde Dogmen" eingeschränkt. Zwar müssten die Freireligiösen den „großen Einfluß christlicher Kultur auf deutschen Geist und deutsche Sitte" anerkennen. Schramm forderte aber, „daß der Kernpunkt dabei der deutsche Glaube bleibt, dem der christliche sich unterzuordnen hat, nicht umgekehrt".[401]

Andere freireligiöse Sprecher gingen in ihrer Argumentation weiter auf die nationalsozialistische Ideologie ein als Schramm. So stellte Alfred Ernst Stengg die Behauptung auf, Weltanschauung sei „wesentlich Ausdruck der Rasse".[402] Hermann Schwarz schloß sich dieser Aussage an und erklärte, göttliches Leben existiere „stets nur in der Prägung des Blutes".[403] Erst in der „Souveränität des völkischen Erlebens", in der „Gemeinsamkeit des Volkstums" liege die „Ewigkeit" verborgen. Der „schaffende Atem des Volkstums" war für Schwarz ein „Gotteshauch, darin sich deutsches Geistesleben und deutsches Bruderleben durchdringen".[404] Der „deutsche Glaube" richte sich auf Gottes Offenbarung in der Natur und in der Geschichte, nämlich „Gottes naturhafte Gegenwart im nordischen Blute" sowie „Gottes geschichtliche Selbstschöpfung in der deutschen Seele".[405] A. Döhr sah in einer „Volksseele" den tieferen „Grund der Volksganzheit". Die „gemeinsamen rassischen Anlagen" eines Volkes prägten nach Döhr ein „Volks-Ich" aus. Diese „frohe Botschaft des deutschen Glaubens" müßten die freireligiösen Gemeinden verkünden.[406]

399 F. W.: Religion, in: Deutsches Werden 1940, Nr. 6, S. 3.

400 Verfassung der Freichristlichen (Freireligiösen) Gemeinde Offenbach am Main, S. 2.

401 Erich Schramm: Ein Antrag, in: Freie Religion 1933, S. 51 f.

402 Alfred Ernst Stengg: Religion – ein Irrtum? In: Freie Religion 1941, S. 28.

403 Schwarz: Deutscher Glaube, S. 132.

404 Schwarz: Deutschheit und Christlichkeit, S. 40.

405 Schwarz: Deutscher Glaube, S. 131.

406 Döhr: "Volk" im religiösen Verhältnis, S. 121.

Georg Pick behauptete, die „richtunggebenden Kräfte des Geistes" gingen „aus Volk und Natur, aus Blut und Boden" hervor.[407] Auch jegliche Form von Religion habe somit „ihre Wurzeln im Volkstum".[408] Religion sei deshalb „stets ein Spiegel der Volksseele".[409] Denn wie die Einzelperson besitze auch „das Volk eine Seele", die im tiefsten Grunde mit der Seele des Einzelnen identisch sei. Die Aufgabe der freireligiösen Gemeinden liege nun darin, der „religiösen Schau des deutschen Menschen" Ausdruck zu geben.[410] In einer poetisch anmutenden Formulierung verkündete Pick: „Als deutsche Menschen sind wir geboren, und deutsche Seele formt uns des Ewigen Bild".[411] Nur die freie Religion konnte nach Picks Überzeugung diesem Anspruch gerecht werden. Er bezeichnete die freie Religion daher auch als eine „Religion aus Blut und Boden". Im Gegensatz zu anderen religiösen Lehren habe sie sich auf deutschem Boden aus den „schicksalsmäßig gegebenen Wachstumskräften" entwickelt.[412] Daraus zog Pick den Schluß, daß den freireligiösen Gemeinden gegenüber anderen Religionsgemeinschaften ein „höherwertiger, wesensgemäßerer religiöser Inhalt" eigen sei.[413]

Auch Clemens Taesler erklärte, jede Religion baue „auf dem Volkstume der Völker" auf. Dementsprechend könne eine „deutsche Kirche" nur „auf dem deutschen Wesen" gründen. Sie müsse „emporsteigen aus dem alten Grunde des germanischen Geistes, aus deutscher Art".[414] Dieser „deutsche Geist" entstand nach Taeslers Deutung aus der Verbindung von Germanentum, griechisch-römischer Antike und Christentum.[415] Die freie Religion kennzeichnete Taesler ausdrücklich als „eine deutsche Religion". Nichts sei „deutscher im deutschen Vaterlande als unsre freie Religion". Sie gehe aus dem „inneren unsers deutschen Wesens" hervor. Im Gegensatz zum kirchlichen Christentum sei die freie Religion eine Religion, die „nicht immer nur nach der

407 Pick: Die Religion der freien Deutschen, S. 39.

408 Pick: Das Wesen der Freien Religion, S. 8.

409 Pick: Unsere Deutschen Propheten, S. 4.

410 Pick: Die Religion der freien Deutschen, S. 9.

411 Pick: Das Wesen der Freien Religion, S. 8.

412 Belz: Arbeitstagung der FRD, S. 139.

413 Pick: Ein Briefwechsel über "Die Religion der freien Deutschen", S. 142.

414 Silbernes Amtsjubiläum von Pfarrer Taesler, in: Freie Religion 1936, S. 143.

415 Clemens Taesler: „Frisch, fromm, fröhlich, frei!", S. 11.

Fremde schielt, nicht immer nur alles aus der Fremde holt".[416] Deshalb müsse eine freireligiöse Gemeinde ihre Inhalte „zumeist und zuoberst" aus „deutschem Wesen" entwickeln und aus „deutscher Weisheit gespeist" werden.[417] Die Freireligiösen dürften durchaus die „positiven Werte" der verschiedenen „geschichtlich überlieferten Religionsformen" übernehmen, sollten sie aber dabei „im Sinne deutschen Wesens" weiterentwickeln.[418] Auch in anderen Völkern könne sich eine Form von freier Religion entwickeln, aber die deutsche freie Religion sei grundsätzlich „anders gefärbt als die freie Religion anderer Völker". Dies begründete Taesler damit, daß sich die religiöse Anlage „nach Rasse, Blut und Boden verschieden" ausprägen müsse.[419]

Max Gehrmann betonte, die „wesenseigene Stimme des Blutes" sei grundsätzlich „jeder Menschenart eingeboren".[420] Darum unterscheide sich auch das „Wesen deutschen religiösen Empfindens" von jeglicher „andersartiger Glaubenshaltung".[421] Gehrmann folgerte daraus die „zwingende Notwendigkeit, alle artfremden Formen der Religion zu überwinden". Dies sei die Aufgabe der freireligiösen Gemeinden als der „Zeugen und Boten echt deutschen Evangeliums".[422] Die Freireligiösen kennzeichnete Gehrmann als eine „Religionsgemeinde wahrhaft deutscher Gottsucher".[423] Die freie Religion wurzele somit „in der Ewigkeitsbestimmung des deutschen Volkstums".[424] Freie Religion sei nichts anderes als „nordisch bedingter Glaube in seiner Ursprünglichkeit und Frische".Die freireligiösen Gemeinden verkündeten daher die „Frohbotschaft nordisch-germanischer Frömmigkeit".[425] Durch den „Geist deutschen Glaubens" könne jeder Deutsche bei den Freireligiösen „wieder Gott suchen auf eigene Art". Auf diese Weise werde der „deutsche Mensch" schließlich „vordringen zum ewigen Kerne seines

416 Taesler: Unsere deutsche freie Religion, S. 9.

417 Taesler, Unsere deutsche freie Religion, S. 10.

418 Clemens Taesler: „Frisch, fromm, fröhlich, frei!", S. 14.

419 Taesler: „Frisch, fromm, fröhlich, frei!", S. 11.

420 Gehrmann: Deutsches Gottsuchen, S. 18 f.

421 Gehrmann: Die Religion der freien Deutschen, S. 67.

422 Gehrmann: Deutsches Evangelium, S. 143 f.

423 Gehrmann: Deutsches Gottsuchen, S. 22.

424 Gehrmann: Wozu sind wir auf Erden, S. 12.

425 Gehrmann: Nordische Frömmigkeit, S. 146 f.

Wesens".[426] Dadurch legten die freireligiösen Gemeinden die Grundlage zu jener „Nationalreligion, nach der die edelsten Propheten Deutschlands von jeher sehnsüchtig, aber vergeblich gerufen haben".[427] Gehrmann zog daraus den Schluß, die Freireligiösen dürften im Gegensatz zum kirchlichen Christentum nicht mehr „nach der Bibelvorschrift Abraham, Isaak und Jakob als Urväter" betrachten. Für die Freireligiösen komme „das Heil nicht mehr von den Juden", sondern „aus der Seelentiefe des ewigen Deutschtums". Für sie gelte auch „nicht Palästina als das heilige Land" wie für die traditionsgebundenen Christen, „sondern Deutschland".[428]

Arthur Drews vertrat die gleiche Auffassung und erklärte, im Gegensatz zu den „Bibelgläubigen, für die Palästina das ‚heilige' Land ist", sei für die Freireligiösen „Deutschland das heilige Land".[429] Drews behauptete, der Germane sei, „als Arier, grundsätzlich Monist, (Pantheist)" im Gegensatz zum dualistischen Christentum.[430] Die freie Religion betrachtete Drews daher als den „Wesensausdruck selbst unseres deutschen Volkes".[431]

Die Freireligiöse Landesgemeinde in Baden schließlich sah sich gegründet in dem „Bewußtsein arteigener Geist- und Volksverbundenheit". Auf dieser Grundlag wollte sie das „dem deutschen Menschen eigene religiöse Bewußtsein" zur Geltung bringen.[432] Karl Weiß schrieb den Freireligiösen die Mission zu, die „germanisch-deutsche Religionserneuerung ins Volk zu tragen". Ihr Ziel bestehe in der „Befreiung des deutschen Volkes von der religiösen Ueberfremdung". Auf diese Weise müßten sie danach streben, der „deutschen Rassenseele die Form ihrer Frömmigkeit zu geben".[433]

---

426 Gehrmann: Freie Religionsgemeinschaft Deutschlands. Zusammenfassung, S. 21.

427 Gehrmann: Die Religion der freien Deutschen, S. 69.

428 Gehrmann: Wozu sind wir auf Erden, S. 8.

429 Drews: Das "Wort Gottes", S. 11.

430 Drews: Jesus der Arier, S. 26.

431 Drews: Richtlinien, S. 77.

432 Verfassung der Freireligiösen Landesgemeinde Badens, S. 3 f.

433 Weiß: Der Nationalsozialismus und die Religionsgemeinschaften, S. 3.

b) Die „deutsche Nationalkirche“

Die Überwindung der konfessionellen Spaltung und die Begründung einer deutschen Nationalkirche spielten bereits in der Entstehungszeit der freireligiösen Gemeinden im 19. Jahrhundert eine wichtige Rolle.[434] Nach der „Machtergreifung“ der Nationalsozialisten regte sich unter den Freireligiösen die Hoffnung, daß die neue Regierung darauf hinwirken werde, die konfessionellen Unterschiede in Deutschland zu überwinden und eine einheitliche deutsche Nationalkirche zu schaffen. Auch wenn es erforderlich sein werde, zugunsten dieser Nationalkirche die organisatorische Eigenständigkeit der freireligiösen Gemeinden zu opfern, so überwog demgegenüber der Gedanke, daß die neue Nationalkirche inhaltlich den freireligiösen Gemeinden der Gegenwart weitgehend entsprechen werde.

Die *Deutsche Glaubenswarte* gab der Hoffnung Ausdruck, die „deutsche, freireligiöse Glaubensbewegung“ als eine „von deutscher Art und deutschem Geist erfüllte“ Gemeinschaft werde „dereinst auch der religiösen Spaltung des deutschen Volkes ein Ende machen und ihm eine alle Deutschen umfassende Religion geben“.[435] Das *Deutsche Werden* gab sich überzeugt, nur eine „dogmenfreie deutsche Volksreligion“ wie die freie Religion könne „ohne Zwang das ganze deutsche Volk umfassen“.[436]

Auch Hermann Engst hoffte auf „den kommenden Tag“, wenn „Gott, Volk, Vaterland uns Blut und Kraft sein werden“ und „ein Glaube uns alle beseelen wird“.[437] Armin Licht äußerte die Überzeugung, „daß die deutsche Freiheit erst in einer freien Religion des deutschen Volkes ihre Vollendung finden“ werde.[438]

Georg Pick erklärte, daß ein „Volk in seiner Vollendung“ alle inneren Spaltungen überwinden werde und deshalb auch grundsätzlich „nur eine Religion“ besitzen könne.[439] Das „große Werk völkischer Neuerweckung“, das die nationalsozialistische Regierung begonnen habe, könne darum auch „erst in der Gründung einer einheitlichen Volksre-

---

434 Pilger-Strohl: Eine deutsche Religion, S. 346 ff.; ders.: Zerrissen zwischen rechts und links, S. 100 ff.

435 Der Humanismus, in: Deutsche Glaubenswarte 1934, S. 116.

436 Welt und Mensch, in: Deutsches Werden 1935, Nr. 9, S. 4.

437 Hermann Engst: Mensch, Volk und Gott, in: Freie Religion 1936, S. 35.

438 Licht: Politik und Religion, S. 11.

439 Pick: Die Religion der freien Deutschen, S. 327.

ligion seine Vollendung finden". Pick betonte, daß bei der Begründung einer das ganze Volk umfassenden Religionsform „jede Religionsgemeinschaft unseres Volkes berufen ist, etwas beizutragen".[440] Im Gegensatz zu den christlichen Konfessionen befürworteten aber die freireligiösen Gemeinden das „Ziel einer einheitlichen deutschen Glaubensrichtung".[441] Für die gegenwärtige Situation stellte Pick fest, „daß das deutsche Volk zu einer einheitlichen Religion hinstrebt". Diese einheitliche Religion der Zukunft könne aber „nicht die mit tausend Fesseln an Vergangenes und Volksfremdes gebundene, dogmatisch-christliche Glaubenswelt" sein.[442] Die angestrebte religiöse Einigung des deutschen Volkes könne „weder auf dem Boden eines traditionsgläubigen Christentums noch eines Antichristentums" erreicht werden.[443] Weder den traditionellen christlichen Kirchen noch radikal antichristlichen Gruppen (wie den völkisch-religiösen Vereinigungen) traute Pick die nötige Befähigung für das Einigungswerk zu.

Nur die freireligiösen Gemeinden könnten die Aufgabe bewältigen, das deutsche Volk von dem „Fluch seiner religiösen Zerrissenheit" zu befreien.[444] Sie seien in der Gegenwart unverzichtbar, weil „auch die heutige Selbstbesinnung ihre Künder haben" müsse.[445] Darin sah Pick eine „hohe Sendung, die wir im deutschen Volke haben". Vor den Freireligiösen liege eine bedeutende „Mission, die das Schicksal uns in unserem Volke übertragen könnte".[446]

Die Freireligiösen werden dafür freilich „zu gegebener Stunde bereit sein müssen zum Untergang, zum Uebergang in ein Höheres".[447] Für die Aufgabe ihrer organisatorischen Eigenständigkeit und das Aufgehen in einer umfassenden Nationalkirche aber könnten die Freireligiösen damit rechnen, daß ihre Religionsform sich darin prägend auswirken werde. Bereits jetzt sei die Freie Religionsgemeinschaft Deutschlands im Vergleich mit den anderen Religionsgemeinschaften die „alleinige Vertreterin des religiösen Freiheitsgedankens, die erfah-

---

440 Pick: Christliche Kirche, S. 183.

441 Pick: Die Freie Religionsgemeinschaft Deutschlands in der religiösen Entwicklung, S. 94.

442 Georg Pick: Glaubensfreiheit! In: Freie Religion 1933, S. 161.

443 Pick: Weiterentwicklung des Christentums, S. 147.

444 Pick: Unsere Deutschen Propheten, S. 24.

445 Pick: Unsere Deutschen Propheten, S. 6.

446 Pick: Die religiöse Lage, S. 9 f.

447 Pick: Christliche Kirche, S. 184.

renste und bestbegründete Glaubensgemeinschaft, die das Gedankengut der großen Deutschen zusammenfaßt und heute bewußt an der Vorbereitung einer wirklichen Lösung des religiösen Problems im deutschen Volke arbeitet".[448] Im Gegensatz zu den anderen Religionsgemeinschaften sei sie als einzige in der Lage, „aus der ganzen Tiefe des kulturellen Lebens unseres Volkes zu schöpfen".[449] Wenn die Freireligiösen darum „nicht auf die Oberfläche schauen, sondern auf die inneren Energien, auf das, was wachsen will und zum Durchbruch drängt", seien sie bereits gegenwärtig „bei weitem die mächtigste Religion im deutschen Volke".[450]

Die Freireligiösen seien Verkündiger, „deren Wort sich keiner entziehen kann, der mit Bewußtsein den Namen eines Deutschen führt".[451] Pick gab sich deshalb überzeugt, daß „die Mehrheit des deutschen Volkes auf unsere religiöse Verkündigung wartet" und bald schon „unsere Idee unser Volk gewinnen wird".[452] Er hoffte darauf, daß in der Zukunft „freigläubige Künder zu den Massen unseres Volkes als der Gemeinschaft eines freien deutschen Glaubens reden und sein inneres Leben in weihevoller Stunde oder an einem wichtigen Punkte des Lebens zum Ewigen emporlenken" werden.[453]

Clemens Taesler betrachtete die „religiöse Einigung aller Deutschen in einer alle umfassenden Volkskirche" als „Ziel der Sehnsucht von Millionen unseres Volkes". Taesler war aber auch davon überzeugt, daß die angestrebte „deutsche Volkskirche" ausschließlich „auf dem Boden der Freiheit und Freiwilligkeit, nicht durch staatliche und politische Druck- und Zwangsmittel" entstehen könne. Dieser äußeren Freiheit müsse eine innere korrespondieren. Deshalb könne die neue Volkskirche „nur auf dem Boden dogmenfreier Gesinnung" begründet werden. Sie „wird nur eine freie sein können" in dem Sinne der Verwerfung von „Glaubenszwangslehrsätzen und Dogmen, welche immer die

---

448 Pick: Die Freie Religionsgemeinschaft Deutschlands im religiösen Ringen, S. 109.

449 Pick: Die religiöse Lage, S. 10.

450 Georg Pick: Der Glaube an den Sieg, in: Freie Religion 1938, S. 2.

451 Pick: Unsere Deutschen Propheten, S. 6.

452 Pick, Die Freie Religionsgemeinschaft Deutschlands in der religiösen Entwicklung, S. 98; ders.: Der Gemeinschaftstag der FRD, S. 86; ders.: Die Lage der freien Religion, S. 85.

453 Pick: Die Freie Religionsgemeinschaft Deutschlands in der religiösen Entwicklung, S. 98.

Menschen trennen werden".[454] Eine solche dogmenfreie Form der Religiosität wiesen aber nur die freireligiösen Gemeinden auf. Daher erblickte Taesler in ihnen „erste Bausteine des kommenden deutschen Domes". In den freireligiösen Gemeinden befinde sich die „freie deutsche Volkskirche der Zukunft" bereits jetzt „in ihren ersten Anfängen auf dem Wege".[455]

Taesler war sich bewußt, daß die Freireligiösen noch einen weiten Weg zurück legen müßten, bis sie in der Lage sein könnten, das gesamte Volk zu umfassen. Daher bezeichnete er die freireligiösen Gemeinden der Gegenwart als „Notbau-Zellen", die im Laufe der Zeit „zu einem künftigen, das ganze deutsche Volk umfassenden deutschen Dom" heranwachsen sollten.[456]

Auch Max Gehrmann formulierte ähnlich, wenn er die Freireligiösen als „Baustein des großen Glaubensdomes", der schließlich das ganze „zur Erkenntnis seines göttlichen Selbst erwachte Volk umfassen" solle.[457] In den gegenwärtig existierenden freireligiösen Gemeinden sah Gehrmann darum „nicht Selbstzweck und nicht organisatorisches Endziel auf dem großen Wege deutschen Gottsuchens". Die Gemeinden müßten vielmehr als ein Provisorium dienen „bis zu der Zeit, wo das ganze Volk mit Ausnahme vielleicht weniger Reservationsgebilde unter dem Banner wie heute der politischen, so auch der religiösen Freiheit sich eint".[458]

Dann freilich werde das „Gottesreich freier Religion deutschen Gepräges, welche den mannigfach abgetönten Regungen der Volksseele wie der organisatorischen Gestaltung des Volksganzen völlig gleichgerichtet" sei, letztlich „mit Macht und Herrlichkeit" eintreffen.[459] Auf diese Weise müßten die Freireligiösen die bislang „unvollendete Reformation der Deutschen" endlich zum Abschluß bringen.[460]

In der bisher geringen Bedeutung der freireligiösen Gemeinden sah Gehrmann hauptsächlich ein Informationsproblem. „Jeder freie Deut-

---

454 Taesler: „Frisch, fromm, fröhlich, frei!", S. 11.

455 Taesler: „Frisch, fromm, fröhlich, frei!", S. 12.

456 Taesler: Die Daseinsberechtigung der freien religiösen Gemeinden, S. 2.

457 Gehrmann: Freie Religionsgemeinschaft Deutschlands. Zusammenfassung, S. 32.

458 Gehrmann: Deutsches Gottsuchen, S. 22.

459 Gehrmann: Deutsches Gottsuchen, S. 23.

460 Gehrmann: Wozu sind wir auf Erden, S. 13.

sche, der sich in das geistige Geschehen der Gegenwart einordnet", müsse bereits jetzt dem freireligiösen „Glaubensideal den Wert letzter religiöser und sittlicher Folgerichtigkeit zubilligen". Wenn die freireligiösen Gemeinden bisher nur so wenige Mitglieder hatten gewinnen können, dann liege dies daran, daß „ungezählte deutsche Volksgenossen im wesentlichen ihrer Ueberzeugung sind und nur aus Mangel an Kenntnis oder Entschlußkraft noch nicht in ihren Reihen stehen". Damit sei lediglich eine „verbreitetere Kenntnisnahme" erforderlich, um „zweifellos in weitesten Kreisen zur Annahme" der freien Religion zu führen.[461]

c) Freireligiöse Geschichtsphilosophie

Eine eingehende Erläuterung der geschichtsphilosophischen Annahmen, die diesen Gedankengängen zugrundelagen, stammte von A. Döhr. Zunächst wies Döhr darauf hin, die freireligiöse Geschichtsdeutung könne „in keiner Weise mit unserem gemeinsamen völkischen Geschichtsbilde in Widerstreit treten". Im Gegenteil, sie „verträgt sich aufs beste mit ihm".[462] Auf diese Weise nahm Döhr eine „Ineinssetzung von völkischer Geschichtsbetrachtung und freireligiösem Geschichtsglauben" vor.[463]

Nachdem er jeden Zwiespalt zwischen der herrschenden Ideologie und den Vorstellungen der Freireligiösen in Abrede gestellt hatte, führte Döhr seinen Ansatz weiter. Er ging von einer „fortschreitenden, von Rasse zu Rasse, von Volk zu Volk verschiedenen Offenbarung des Weltgeistes" aus. Im „Entwicklungsgang der freien deutschen Religion" erblickte Döhr demnach eine „vorsehungsgemäß geleitete Offenbarungsgeschichte".[464] Damit erhielten die freireligiösen Gemeinden eine ausschlaggebende Bedeutung für die geschichtliche Entwicklung nicht nur des deutschen Volkes, sondern für die Weltgeschichte insgesamt.

Die freie Religion beinhaltete nach Georg Picks Überzeugung „die höchsten Gedanken, die deutsches Wesen hervorgebracht hat" und verwerte sie für das „Erlebnis der neuen Zeit". Damit nahm die freie

---

461 Gehrmann: Freie Religionsgemeinschaft Deutschlands. Zusammenfassung, S. 29 ff.

462 Döhr: Der Grundgedanke freireligiösen Geschichtsglaubens, S. 25.

463 Döhr: Der Grundgedanke freireligiösen Geschichtsglaubens, S. 26.

464 Döhr: Der Grundgedanke freireligiösen Geschichtsglaubens, S. 26.

Religion den Platz einer „Religion unserer heutigen deutschen Kultur" ein. Sie enthalte den „ganzen Reichtum völkischer Vergangenheit und läßt ihn neu emporblühen in der Form, die der Wille der Zeit mit innerer Notwendigkeit fordert".[465]

Aus Döhrs Ausführungen läßt sich erkennen, welches Geschichtsbild hinter den Ausführungen auch anderer Vertreter der Freireligiösen zum Ausdruck kam. Dieses Geschichtsbild wies Ähnlichkeiten auf mit der Philosophie Hegels, war aber stärker von völkisch-rassischen Gedankengängen geprägt. Der „Weltgeist" entwickelt sich hinter dem äußerlich erkennbaren Geschehen von Stufe zu Stufe weiter. Dabei nimmt er in jedem einzelnen Volk eine besondere Form an. Schließlich erreicht er im deutschen Volk mit der Herausbildung der freien Religion seine höchste Vollendung. Auch wenn andere freireligiöse Sprecher dieses Konzept nicht so offen ausdrückten wie A. Döhr, blieb es gleichwohl deutlich erkennbar.

d) „Heilige Schriften" und „deutsche Propheten"

Obwohl sich die Freireligiösen vom Christentum generell oder zumindest von seiner traditionellen kirchlichen Form abgrenzten, übernahmen sie teilweise Begrifflichkeiten aus dieser Tradition, um sie dann mit neuem Inhalt zu füllen. Bei einer deutlichen Distanz zur Bibel stellten einige freireligiöse Vertreter die deutschen Klassiker und deren Werke an die Stelle der heiligen Schrift der Christen. „Deutsche Propheten" sollten die kirchliche Tradition ersetzen. Grundlage der „Religion der freien Deutschen" sollten die Werke der deutschen Dichter und Denker sein, die von den Freireligiösen als Vorbilder anerkannt waren.

Hermann Schwarz sah in den deutschen Klassikern einen Ausdruck des „ewigen Deutschland". Weil er in den Klassikern eine „wahrhaft deutsche Frömmigkeit" sah, deklarierte Schwarz ihre Werke als das „deutsche Evangelium".[466]

A. Döhr verwendete eine noch stärker mit traditionellen religiösen Begriffen angereicherte Sprache, wenn er von den Werken der Klassiker als einer „aus gotterfülltem Geiste quellenden Rede unserer Pro-

465 Pick: Die Religion des deutschen Idealismus, S. 3.

466 Schwarz: Deutsches Ewigkeitsbewußtsein, S. 11 ff.

pheten" sprach. Für Döhr galten die Schriften der Klassiker als das „deutsche Gotteswort" und die „heiligen deutschen Schriften".[467] Auch Clemens Taesler sprach von einem „heiligen Schrifttum unseres deutschen Volkes" oder „heiligem Schrifttum deutscher Seele".[468] Max Gehrmann bezog sich auf die Klassiker als einem „Glaubenshort der deutschen Dichtung".[469] Die deutschen Dichter hätten in ihren Werken eine „heilige Schrift religiösen Deutschtums" erschaffen.[470] Deshalb vernähmen die Freireligiösen das „Wort Gottes" auch „nicht auf Lateinisch, Griechisch oder gar Hebräisch, sondern in der deutschen Muttersprache".[471]

Besonders ausführlich setzte sich Georg Pick mit dem Begriff der Prophetie auseinander. Er definierte einen Propheten als Menschen, der „die Stimme des schaffenden Lebens vernimmt" und sich durch „unbestechliche Wahrhaftigkeit" auszeichne.[472]

„Völker, die die Stimme ihrer Propheten hören und danach tun", blieben bestehen. Hingegen müßten „solche aber, die dies Wort, das Wort Gottes, verhallen lassen wie in der Wüste", untergehen.[473]

Pick forderte daher das deutsche Volk dazu auf, es solle das „Wort seiner Großen als auserlesenes Werkzeug des Göttlichen" und „wirklich das Wort Gottes" erkennen.[474] Das deutsche Volk sei sehr wohl „in der Lage, den Kern der Verkündigung seiner Propheten zu verstehen".[475] Bisher aber erkenne es „seine Propheten nicht" und richte daher seinen Blick „immer noch, wie von einem bösen Zauber befangen, auf orientalische Mythen und auf eine ihm fremde Dogmatik".[476]

Dabei habe kein Volk „eine solche Fülle prophetischer Persönlichkeiten aufzuweisen wie das deutsche". Die Freireligiösen dürften deshalb auf der Suche nach Propheten „nicht in fremden Kulturen Ausschau halten". Nur Propheten , die „aus derselben Volksseele reden" und des-

---

467 Döhr: Der Grundgedanke freireligiösen Geschichtsglaubens, S. 23.

468 Taesler: Unsere deutsche freie Religion, S. 10.

469 Gehrmann: Vorwort, S. 4.

470 Gehrmann: Die Religion der freien Deutschen, S. 67.

471 Gehrmann: Wozu sind wir auf Erden, S. 8.

472 Pick: Unsere Deutschen Propheten, S. 6.

473 Pick: Die Religion der freien Deutschen, S. 16.

474 Pick: Die Religion der freien Deutschen, S. 274.

475 Pick: Die Religion der freien Deutschen, S. 17.

476 Pick: Unsere Deutschen Propheten, S. 24.

halb „dieselben Kämpfe, dieselben Sehnsüchte und Gotterfahrungen" erlebt hätten, könnten „naturgemäß unser Denken und Handeln bestimmen".[477] Das „durch die großen deutschen Propheten geschaffene heilige Schrifttum der Deutschen" müsse die „Grundlage des deutschen Glaubens" sein.[478] In diesem Schrifttum sah Georg Pick eine „gewaltige Fülle der Gottes-offenbarung, die unserem Volke" zuteil geworden sei.[479] Das deutsche Volk habe durch die „Gnade des Schicksals" und den „Genius unseres Volkes" eine „Fülle prophetischer Persönlichkeiten" hervorgebracht. Die Geistesschöpfungen dieser „Künder deutscher Gotterkenntnis" stellten einen unvergleichlichen Reichtum dar.[480] Dennoch betonte Pick auch, daß „keine dieser Schriften dogmatischen Charakter im Sinne einer absoluten und unabänderlichen göttlichen Offenbarung" besitzen könne.[481]

e) Bewertung der germanischen Religion

Nachdem die freie Religion im Gegensatz zum Christentum als „arteigene" Religion des deutschen oder germanischen Menschen begriffen wurde, erhebt sich die Frage, wie sich die Freireligiösen zu den Glaubensvorstellungen der germanischen Stämme in der vorchristlichen Zeit stellten. Während in den Kreisen der völkisch-religiösen Gruppen häufig auf die heidnische germanische Religion zurückgegriffen wurde, stießen derartige Versuche in den freireligiösen Gemeinden auf ein geteiltes Echo. Auch hier herrschte im Grundsatz eine positive Bewertung der germanischen Religion vor. Selbst das Sonnenkreuz als Symbol der Freireligiösen wurde in Beziehung zu den alten Germanen gesetzt. Max Gehrmann wollte es von einer „altnordischen Jahresrune" aus der „Frühzeit der nordisch-arischen Völker" abgeleitet wissen.[482]

Ernst Bergmann deklarierte die germanische Odinsreligion als „schönste, sittlichste und wahrhaftigste Religion". Die Gestalt des Gottes Odin „verkörpert den hohen Menschengeist in seiner reinen Form". Ausdrücklich betonte Bergmann, „kein Zeus und kein Jahwe kommt

---

477 Pick: Unsere Deutschen Propheten, S. 9.

478 Pick: Die Religion der freien Deutschen, S. 329.

479 Pick: Unsere Deutschen Propheten, S. 9 f.

480 Pick: Unsere Deutschen Propheten, S. 9; ebenda, S. 24.

481 Pick: Die Religion der freien Deutschen, S. 329.

482 Gehrmann: Freie Religionsgemeinschaft Deutschlands. Zusammenfassung, S. 29.

der germanischen Odinsgestalt an Erhabenheit und Größe gleich". Andererseits wies Bergmann aber auch darauf hin, daß die freie Religion kein „Wotanskult" sein könne. Solches widerspräche der „Zeitgemäßheit unserer Religion".[483] Dennoch erklärte Bergmann die Philosophie der altisländischen Edda als eine „über alle Maßen biologisch vernünftige und sinnvolle Weltsinndeutung". Die Edda verkünde eine „völkische Heilslehre", die bereits vor Jahrhunderten den „Wert der Eugenik und Erbgesundheitspflege erkannt" habe.[484]

Georg Pick erklärte zur germanischen Religion, daß der „germanische Gottesglaube... unmittelbar aus dem reinen und ungebrochenen Naturgrund unseres Blutes hervorgewachsen" sei. Die „Auffassung des Göttlichen" in der germanischen Religion sei „aus der ureignen Erfahrung des nordischen Menschen hervorgegangen".[485] Pick leitete die germanische Religion „unmittelbar aus deutschem Wesen" ab. Besonders hob er die enge Verbindung zwischen Mensch und Natur hervor, die er in den Götter- und Heldenliedern „aus nordischem Weltgefühl" vorfand. Hier zeigten sich ihm „Natur und Geist in inniger Verflechtung".[486] Das „Sinnesleben des nordischen Menschen" sei aber bei aller Nähe zur Natur „nicht so einseitig auf die sichtbare Welt mit ihren Farben und Formen gerichtet wie das des Südländers". Der nordische Mensch strebe vielmehr danach, „hinter die äußerlich sichtbare Natur der Dinge zu dringen".[487] In den Dichtungen der Edda und im Nibelungenlied erblickte Pick „klassische Darstellungen germanischen Glaubens".[488] Vor allem in der isländischen Edda sah Pick eine „Schöpfung germanischen Geistes", die einen „starken Eindruck von der religiösen Lebensstimmung des Germanentums" vermitteln könne. Freilich gestand Pick auch zu, daß diese Dichtungen bereits „Merkmale des Niedergangs" aufweisen.[489]

Herausragende Bedeutung in Picks Auseinandersetzung mit der germanischen Religion erlangte Odin, der Gott des Sturmes und des Krie-

---

483 Bergmann: Nordisch-germanischer Glaube oder Christentum, S. 140 f.

484 Ernst Bergmann: Die Weltesche, in: Deutsches Werden 1936, Nr. 1, S. 2 f.

485 Pick: Unsere Deutschen Propheten, S. 10.

486 Pick: Die Religion des deutschen Idealismus, S. 4.

487 Georg Pick: Odin, ein Gipfelpunkt germanischen Geistes. Rede zur Enthüllung der Odinbüste in der Weihehalle der FRD, Gemeinde Mainz, in: Freie Religion 1941, S. 54.

488 Pick: Die Religion der freien Deutschen, S. 25.

489 Pick: Unsere Deutschen Propheten, S. 10.

ges, aber auch der Dichtkunst und der Weisheit. Diese „wunderbare Gestalt des Gottes Odin" zeigte nach Picks Überzeugung „germanisches Wesen in höchster Vollendung".[490] In der Gestalt Odins habe „die germanische Seele vor dem Untergang ihres alten Götterglaubens sich zu höchster Welt- und Schicksalserkenntnis erhoben".[491] Odin verkörpere das „Emporringen der geistigen Kräfte aus dem Bereich der Natur", die „Befreiung des Geistes zu sich selbst".[492] Odin galt in der Deutung Picks als ein „Sinnbild germanischen Glaubens, des ersten Sich-Aufreckens aus der Natur zum Geistigen hin". Picks Bewunderung für Odin ging so weit, daß er für die Weihehalle der Freireligiösen Gemeinde in Mainz eine Büste Odins in Auftrag gab. Diese Büste wurde am 19. Januar 1941 feierlich enthüllt.[493] Andererseits wies Pick aber nachdrücklich darauf hin, daß er damit „nicht etwa eine Wiedererweckung des Odinkults" beabsichtigte. Odin galt ihm als ein angemessenes Sinnbild des germanischen Glaubens.[494] Die Gestalt Odins könne „auch dem heutigen Deutschen ein hehres Beispiel heroischer Haltung im Leben und Sterben" vermitteln.[495] Während Georg Pick die vorchristliche Religion der Germanen somit sehr positiv einschätzte, räumte er andererseits aber auch ein, daß die germanische Religion aus heutiger Sicht „noch unzulänglich" gewesen sei.[496] Pick betonte, die Freireligiösen der Gegenwart hätten sich „weder dem Odinsglauben noch dem Christentum verschrieben". Beide Traditionen seien für die Freireligiösen „vielmehr Kraftquellen unter anderen".[497] Letztlich sollte es ihr Ziel darstellen, eine „Synthese von Christentum und Germanentum" zu erreichen.[498]

Die Begeisterung Georg Picks für die germanische Religion allgemein und die Gestalt Odins im Besonderen traf nicht in allen freireligiösen Gemeinden auf Zustimmung. Vor allem in der Frankfurter Gemeinde

---

490 Pick: Die Religion des deutschen Idealismus, S. 5.

491 Pick: Unsere Deutschen Propheten, S. 11.

492 Pick: Odin, S. 52.

493 Enthüllung einer Büste Odins in der Weihehalle der Gemeinde Mainz, in: Mitteilungsblatt der Freien Religionsgemeinschaft Deutschlands, 1. Februar 1941, S. 1.

494 Pick: Odin, S. 51.

495 Pick: Odin, S. 58.

496 Pick: Die Religion des deutschen Idealismus, S. 5.

497 Pick: Aufbau, S. 49.

498 Pick: Der Rüdesheimer Verbandstag, S. 83.

artikulierte sich nach der Enthüllung der Mainzer Odin-Büste eine „einmütige Ablehnung des Versuchs einer plastischen Darstellung Odins".[499] Der Frankfurter Pfarrer Taesler wandte sich grundsätzlich gegen Versuche, „die alten germanischen Götter wieder aufleben" zu lassen, denn sie „sind tot für immer". Er bezweifelte auch, ob es den „nordischen Götterhimmel der Edda" in dieser Form bei den heidnischen Germanen überhaupt gegeben habe. Nach Taeslers Überzeugung handelte es sich dabei nur um dichterische Darstellungen einer späteren Zeit nach Einführung des Christentums, die keine Rückschlüsse auf die vorchristlichen Glaubensüberzeugungen der Germanen zuließen. Die Beschreibung einer „viel reineren Urform der altgermanischen Religion" fand Taesler bei Cornelius Tacitus. In seiner *Germania* beschrieb dieser römische Historiker, daß die Germanen im Gegensatz zu den mittelmeerischen Kulturen mit ihren menschengestaltigen Göttern auf Götterbilder und Tempelbauten verzichteten. Anstattdessen verehrten sie ihre Gottheiten unter freiem Himmel in Lichtungen und Hainen. Eine derartige naturverbundene Frömmigkeit mit pantheistischen Zügen stand nach Taeslers Überzeugung den freireligiösen Auffassungen viel näher als der Polytheismus der Edda mit Gestalten wie Thor und Odin.[500]

Auch Max Gehrmann berief sich auf Tacitus und dessen Beschreibung eines bilder- und tempellosen Kultus der Germanen. Sie leisteten demnach „Verzicht auf die groben Mittel sinnlicher Darstellung", denn sie waren „durchdrungen von der beseligenden Kraft der Heimatnatur". Ohne äußere Hilfsmittel wie Götterbilder oder Gebäude strebten die Germanen nach Gehrmanns Überzeugung „nach innigster seelischer Vereinigung mit der Gottheit".[501] In dieser „Absage an gestaltete starre Formen" erblickte Gehrmann eine „Ueberwindung des grob Sinnlichen".[502] Während Taesler den Wert der Dichtungen der Edda für die Erkenntnis der alten germanischen Religion nur gering veranschlagt hatte, hob Gehrmann „Wert und Schönheit" der Edda hervor. Zwar gestand auch Gehrmann zu, daß die Edda nicht unmittelbar Rückschlüsse auf die germanische Religion erlaube. Er vermutete aber, in

---

499 Archiv der Unitarischen Freien Religionsgemeinde, Aus dem Protokoll der Gemeinde-Jahreshauptversammlung vom 11. 4. 1942, in: Jahresberichte 1918 - 1980 der Unitarischen Freien Religionsgemeinde, S. 48.

500 Taesler: „Frisch, fromm, fröhlich, frei!", S. 11.

501 Gehrmann: Deutsches Gottsuchen, S. 19; Gehrmann: Freie Religionsgemeinschaft Deutschlands. Zusammenfassung, S. 18.

502 Gehrmann: Deutsches Evangelium, S. 135.

ihr sei der „Geist einer viel früheren uns verloren gegangenen vorchristlichen Dichtung“ erhalten.[503]

Hermann Raschke schließlich nahm eine deutlich kritischere Position gegenüber der Religion der Germanen ein. Raschke erklärte, die germanische Religion sei „nicht über die Ausprägung von Naturgottheiten hinausgelangt“. Damit stehe sie „noch fern von der rein geistigen Auffassung der Gottheit“, wie die Freireligiösen sie anstrebten.[504] Eine ähnliche Überzeugung vertrat auch Karl Weiß, der eine „Rückkehr zum Germanenglauben, zur Edda und den Sagas“ grundsätzlich ablehnte. Er anerkannte die „Gott- und Naturverbundenheit“ die in der germanischen Religion zum Ausdruck kam, ansonsten aber „finden wir dort nichts“, was für die Entwicklung der freien Religion wertvoll sein könnte.[505]

Die unterschiedlichen Äußerungen von Vertretern der freireligiösen Gemeinden zur germanischen Religion vermitteln einen Eindruck von der Spannweite der Positionen, die Freireligiöse in dieser Frage einnehmen konnten. Einige, wie Georg Pick oder etwas weniger nachdrücklich auch Max Gehrmann betrachteten die alte germanische Religion als wichtig für die Freireligiösen der Gegenwart und wollten Parallelen zwischen den Glaubensüberzeugungen der Germanen und der freien Religion erkennen. Andere, wie Clemens Taesler, äußerten sich distanzierter, und Hermann Raschke lehnte grundsätzlich jeglichen Vorbildcharakter der germanischen Religion ab. Während im Allgemeinen eine positive Bewertung der germanischen Religion vorherrschte, blieb diese von einer Kanonisation in den Reihen der Freireligiösen weit entfernt. Letztlich hing die Beurteilung davon ab, ein wie großes Maß an pantheistischen Auffassungen der jeweilige Autor in den germanischen Traditionen zu erkennen vermeinte.

f) Die Beziehung zur völkisch-religiösen Bewegung

Beziehungen von freireligiösen Gemeinden zur völkisch-religiösen Bewegung existierten in zwei Formen, sowohl inhaltlich als auch organisatorisch. Nach 1933 nahmen freireligiöse Gemeinden vielfältig Anpassungen an die herrschende nationalsozialistische Ideologie vor und

503 Gehrmann: Freie Religionsgemeinschaft Deutschlands. Zusammenfassung, S. 19.

504 Raschke: Zur Glaubensfrage, S. 133 f.

505 Weiß: Wir und die Andern, S. 4.

fügten völkisch-rassistische Vorstellungen in ihre öffentliche Verkündigung ein. In dem Bemühen, ein Verbot der Gemeinden zu verhindern, hatte es zeitweilig auch eine enge Zusammenarbeit zwischen Freireligiösen und völkisch-religiösen Gruppierungen gegeben.

Bei der Begründung der *Deutschen Glaubensbewegung* nahm diese Zusammenarbeit auch eine organisatorische Form an. Jakob Wilhelm Hauer, der Initiator dieses Zusammenschlusses völkisch-, nordisch- oder germanisch-religiöser Gruppen, erfuhr eine rege Zustimmung in den Reihen der Freireligiösen. Diese Anerkennung Hauers führte dazu, daß er schließlich zum Vorsitzenden des BFGD gewählt wurde.

Auch unter den südwestdeutschen Freireligiösen genoß Hauer zumindest zeitweilig hohe Achtung. Georg Pick begrüßte Hauer als „geborene Führerpersönlichkeit" und „Beispiel echten Führertums".[506] Clemens Taesler bezeichnete die „Deutsche Gottschau", das Hauptwerk Jakob Wilhelm Hauers, als „ein „Grundwerk freier deutscher Religion".[507]

Da aber die Gemeinden des BFGD verboten wurden und die Freireligiösen in Südwestdeutschland sich letzlich gegen eine Mitarbeit in der Deutschen Glaubensbewegung entschieden, blieb dieses enge Zusammenwirken eine Episode. Danach schwankte die Beziehung zur Deutschen Glaubensbewegung zwischen freundschaftlicher Anerkennung und schroffer Ablehnung.

Carl Peter als Geschäftsführer des BFGD betonte 1934 noch, „wie nahe die Gemeinschaften der ‚Deutschen Glaubensbewegung' uns weltanschaulich stehen".[508] Dieses enge Verhältnis blieb nicht von langer Dauer. Ernst Bergmann, der selbst über die Deutsche Glaubensbewegung zu den Freireligiösen gefunden hatte, äußerte 1936 lebhaftes Bedauern über den „von uns schmerzlich beklagten bisherigen Mißerfolg" der Deutschen Glaubensbewegung. Er kritisierte insbesondere die innere Uneinigkeit der Bewegung, wodurch nur noch „ein von ihren Führern verlassenes Trümmerfeld" zurückgeblieben sei. Die Deutsche Glaubensbewegung biete dem Betrachter das „beschämende

---

506 Georg Pick: Ein Beispiel echten Führertums, in: Freie Religion 1933, S. 113; ders.: Der Rüdesheimer Verbandstag, S. 83.

507 Gemeinde-Veranstaltungen, S. 1.

508 Peter: 75 Jahre Bund Freireligiöser Gemeinden, S. 19.

Schauspiel, daß die einzelnen Führer und Kämpfer sich untereinander in blinder Leidenschaft befehdeten".[509]

Der südwestdeutsche Verband Freireligiöser Gemeinden Deutschlands äußerte zunächst Bedauern darüber, daß die angestrebte Zusammenarbeit mit der Deutschen Glaubensbewegung nicht zustande kam. Man habe „mit der Möglichkeit gerechnet, sich an einer solchen Arbeitsgemeinschaft beteiligen zu können". Es habe sich aber gezeigt, daß die Deutsche Glaubensbewegung „auf dem Boden einer exklusiv germanischen Weltanschauung" stehe. Deshalb wolle sie die positive Bedeutung des Christentums, „wie sie zur Grundauffassung des Verbandes gehört", nicht akzeptieren. Unter diesen Voraussetzungen sei es für die Gemeinden des Verbands „unmöglich", der Deutschen Glaubensbewegung beizutreten, ohne dabei ihre „Eigenart aufzugeben". Entscheidender Streitpunkt war hier die Ablehnung jeglicher positiven Beziehung zum Christentum durch die völkischen Gruppen. Diese betrachteten das Christentum als artfremde, minderwertige Religion und waren nicht bereit, irgendeine Form oder Interpretation des Christentums zu akzeptieren. Diese Ablehnung traf auch die undogmatische, pantheistische Deutung des Christentums, die in den freireligiösen Gemeinden des südwestdeutschen Verbands vertreten wurde. Ein organisatorischer Zusammenschluß mit der Deutschen Glaubensbewegung war damit ausgeschlossen. Dennoch wurde nach der Tagung in Eisenach 1933 die Fühlungnahme mit den völkisch-religiösen Verbänden durchaus als „wertvoll und fruchtbar" bezeichnet. Eine künftige Zusammenarbeit sei durch dieses Treffen „wesentlich erleichtert" worden. Der südwestdeutsche Verband erklärte deshalb, man wolle die „freundschaftlichen Beziehungen weiterpflegen".[510]

Die angestrebten freundschaftlichen Beziehung entwickelten sich später jedoch nicht weiter. Ein immer wiederkehrender Streitpunkt war dabei das Verhältnis zum Christentum. Georg Pick warf der Deutschen Glaubensbewegung vor, sie folge einem „Wahn", wenn sie „die deutsche Volkskultur durch Vernichtung der christlichen Werte unterbauen" wolle.[511] Die völkischen Gruppen waren nach Picks Überzeugung „meist unreif und oberflächlich in ihrer Glaubensauffassung". Den

---

509 Ernst Bergmann: Glaubensbewegungen, in: Deutsches Werden 1936, Nr. 11, S. 3.

510 Die Tagung der Germanisch-Deutschen Glaubensbewegung in Eisenach am 29. und 30. Juli 1933, in: Freie Religion 1933, S. 144.

511 Pick: Das Schicksal der "Deutschen Glaubensbewegung", S. 78.

Grund dafür sah Pick in der Absicht dieser Gruppen, die „tausendjährige christliche Entwicklung als eine Fehlentwicklung abtun und direkt beim Germanentum anknüpfen" zu wollen.[512] Pick billigte der völkisch-religiösen Bewegung durchaus zu, daß sie dem deutschen Volk eine „religiöse Verbindung mit seinem ersten Ursprung" vermittle. Dafür zeige sie aber nichts als „Unverständnis für die Mission des Christentums an unserem Volke".[513] Die Deutsche Glaubensbewegung sei darum an der „Einseitigkeit ihres religiösen Gehaltes" gescheitert. Die „Bewegungen germanischen, nordischen oder deutschen Glaubens" seien zwar aus „einem echten Gefühl entsprungen" und „erste Vorboten eines Kommenden". Sie könnten aber „keineswegs als solche Träger einer künftigen Einigung des deutschen Glaubenslebens" werden. Die „Negation des bestehenden allein" sei für eine solche Aufgabe unzureichend.[514] Als die Deutsche Glaubensbewegung allmählich zerfiel, kam Pick zu einem bitteren Fazit. Es handele sich hier „nicht um eine Religionsgemeinschaft", sondern lediglich noch um eine „Propagandavereinigung".[515]

Auch die Badische Landesgemeinde hatte ebenso wie der südwestdeutsche Verband einen Beitritt zur Deutschen Glaubensbewegung abgelehnt. Die Zurückweisung fiel hier aber von Beginn an wesentlich deutlicher aus. Karl Weiß billigte der Deutschen Glaubensbewegung zwar zu, daß sie „folgerichtiger und mutiger" vorgegangen seien als die Deutschen Christen. Sie habe sich aber durch ihren „Radikalismus selbst zerstört".[516] Weiß schloß einen Zusammenschluß mit der Deutschen Glaubensbewegung kategorisch aus. Eine derartige Bindung könne nur zum „Untergang der Landesgemeinde" führen. Nach Weiß' Überzeugung könnte „in einer so vielfältigen Gemeinschaft eine freie tiefere Religion niemals sich entfalten, auch nicht die rechte Pflege finden".[517] Im Gegensatz zu den Gemeinden des südwestdeutschen Verbands war es in Baden also nicht die ablehnende Haltung der völkisch-

512 Pick: Die Freie Religionsgemeinschaft Deutschlands im religiösen Ringen, S. 109.

513 Pick: Christliche Kirche, S. 184.

514 Pick: Die Lage der freien Religion, S. 84.

515 Georg Pick: Wie steht es um unsere Gemeinschaft? Bericht des Gemeinschaftsvorstehers über die Lage der Freien Religionsgemeinschaft Deutschlands auf der Gemeinschaftstagung in Mainz am 21. Juli 1935 (Schluß), in: Freie Religion 1935, S. 140.

516 Weiß: Wir und die Andern, S. 3.

517 Weiß: 125 Jahre Kampf, S. 176.

religiösen Gruppen gegenüber dem Christentum, sondern die inhaltliche Zersplitterung zwischen den verschiedenen Gruppen und Grüppchen innerhalb der Deutschen Glaubensbewegung, die zur Ablehnung einer Zusammenarbeit führte. Diese Begründung überrascht von Seiten einer freireligiösen Gemeinde, da die Freireligiösen von Beginn an großen Wert auf ihre Freiheit von jeglichen Dogmen oder festgelegten Lehrinhalten gelegt hatten. Wie es sich aber auch in der Übernahme des „Führerprinzips" gezeigt hatte, war die badische Landesgemeinde zu dieser Zeit bemüht, eine klarere Struktur sowohl in organisatorischer wie in inhaltlicher Hinsicht zu erreichen. Diese Bemühungen konnten durch ein Zusammengehen mit der inhaltlich uneinigen Deutschen Glaubensbewegung nur konterkariert werden. Aus dieser Situation heraus konnte nur eine scharfe Abgrenzung zwischen der Landesgemeinde und der Deutschen Glaubensbewegung erfolgen. Karl Weiß warf darum im Rückblick der Deutschen Glaubensbewegung „Wühlarbeit" in Baden vor.[518]

8) Freiheit, Toleranz und Menschenwürde

Die nationalsozialistische Ideologie vereinnahmt den Menschen vollständig und läßt ihn nur als Bestandteil eines Kollektivs, des Volkes oder der Rasse, gelten. Rechte und Ansprüche des einzelnen Menschen gegenüber dem totalitären Staat und seinem Führer sind in einem derartigen System nicht vorgesehen. Die freireligiösen Gemeinden hingegen entstanden als Sammelbecken für Individualisten, die sich zunächst kirchlicher, dann auch staatlicher Bevormundung zu entziehen versuchten. Die enge Verknüpfung der Freireligiösen mit der revolutionären Bewegung von 1848/49 und später mit der Arbeiterbewegung und dem Freidenkertum hatte einen prägenden Einfluß auf die Gemeinden. Die emanzipatorischen und humanistischen Ansätze, die aus dieser Entwicklung resultierten, waren grundsätzlich mit der totalitären nationalsozialistischen Ideologie unvereinbar. Dennoch versuchten Freireligiöse nach 1933 einerseits die weitgehende Anpassung an das herrschende System und andererseits die Fortführung ihrer Tradition. Im Folgenden wird daher untersucht, wie Freireligiöse Vertreter mit dem Erbe ihrer Gemeinden umgingen. An drei grundlegenden Begriffen aus der Tradition der freireligiösen Gemeinden, Freiheit, Toleranz und Menschenwürde, wird demonst-

518 Weiß: 125 Jahre Kampf, S. 177.

riert, wie Freireligiöse sich um den Spagat zwischen unvereinbaren Grundsätzen bemühten.

a) Freiheit

aa) Bekenntnisse zur Freiheit

Gemäß ihrer Tradition betonten die freireligiösen Gemeinden den Gedanken der unbedingten Freiheit des einzelnen gegenüber kirchlicher oder staatlicher Bevormundung. Auch nach 1933 fanden sich zahlreiche Bekenntnisse zur Freiheit als der unaufgebbaren Grundlage der Gemeinden. Dabei stand die Forderung nach der Freiheit des Glaubens und der religiösen Überzeugung im Vordergrund.

Der Volksbund für Geistesfreiheit verlangte die Einhaltung der „Menschenrechte, wie Glaubens- und Gewissensfreiheit".[519] Auch in der neuen Satzung des BFGD wurde die „Geistes- Glaubens- und Gewissensfreiheit" propagiert.[520] Die *Deutsche Glaubenswarte* würdigte das „kostbare Gut der Glaubensfreiheit".[521] Es stehe jede Form von „Glaubensbedrückung zu deutschem Wesen in Widerspruch".[522] Das *Deutsche Werden* sah in der Glaubensfreiheit „geradezu Bedingung echter Religion".[523] Eine deutsche Volksreligion dürfe „keinen Glaubenszwang dulden".[524]

Die Freireligiöse Gemeinde Frankfurt postulierte die „Freiheit der Religionsausübung" und die „Achtung der Geistes-, Glaubens- und Gewissensfreiheit jedes Einzelnen". Ebenso forderte sie die „Anerkennung seines Rechtes, sich nach der eignen besten Einsicht der Vernunft, des Gewissens und des Gemütes" seine Überzeugungen „selbst zu bilden".[525] Georg Pick betonte nachdrücklich „das Recht unserer freien Entscheidung". Dieses Recht stehe über „den Meinungen der Menschen".[526] Pick kündigte an, der „Idee der Freiheit" werde die

---

519 Die neue Lage, S. 51.

520 Satzung des Bundes Freireligiöser Gemeinden Deutschlands, S. 98.

521 Wir grüßen das neue Jahr, S. 2.

522 Staat und Religion, S. 113.

523 Welt und Mensch, S. 4.

524 Dogma und Glaube, in: Deutsches Werden 1936, Nr. 9, S. 2.

525 Verfassung der Freireligiösen Gemeinde Frankfurt, S. 2.

526 Pick: Das Wesen der Freien Religion, S. 1.

Zukunft gehören.[527] Er warnte die Freireligiösen deshalb davor, sie dürften diese „innere Freiheit“ niemals aufgeben.[528] Für Pick äußerte sich Freiheit im Zusammnehang der freireligiösen Gemeinde in der „Ablehnung jeglicher Dogmatik und Tradition, soweit sie mit lebendiger Religion nicht in Einklang steht“.[529] Max Gehrmann betrachtete es als grundlegendes Charakteristikum der freireligiösen Gemeinden, sie zeichneten sich aus durch den „Drang, Religion mit dem Ideal der Freiheit zu vereinen“.[530] Er stellte fest, die freireligiösen Gemeinden hätten „zum erstenmal in der deutschen Geschichte den Begriff der Religion mit dem Ideal der Freiheit vereinigt“. Eine „freiwillig angenommene, nicht als unfehlbar (dogmatisch) zu erachtende Grundgesinnung“ stelle ihre Basis dar. Darum seien die freireligiösen Gemeinden auch „frei von allen Wesenszügen der priesterlich-dogmatisch aufgebauten Kirchen“.[531] Bei Gehrmann steht somit ähnlich wie bei Pick die Abgrenzung gegenüber den christlichen Kirchen im Vordergrund, die im Gegensatz zu den freireligiösen Gemeinden als unfrei erscheinen. Die Abgrenzung der Rechte des einzelnen Menschen gegenüber dem Staat wird demgegenüber nicht thematisiert. Clemens Taesler verknüpfte den Freiheitsgedanken mit völkischen Vorstellungen, wenn er die Grundsätze von Gewissensfreiheit und Ehre als unverzichtbar für die „nordisch-deutsche Seele“ bezeichnete.[532] Noch weiter ging Hermann Schwarz, der antiklerikale und völkische Argumentation miteinander verband. Einem „Heiligtum germanischer Freiheit“ stellte er das „Heiligtum asiatischer Unterwürfigkeit“ gegenüber. Dabei sah er die germanische Freiheit in den freireligiösen Gemeinden, die asiatische Unterwürfigkeit in den christlichen Kirchen verwirklicht.[533]

---

527 Pick: Die Religion der freien Deutschen, S. 11.

528 Pick: Die religiöse Lage, S. 9.

529 Georg Pick: Die Freie Religionsgemeinschaft Deutschlands im religiösen Ringen der Gegenwart. Aus dem Jahresbericht des Vorstehers zum Gemeinschaftstag der FRD in Pforzheim am 6. Juni 1938, II, in: Freie Religion 1938, S. 114.

530 Gehrmann: Vorwort, S. 4.

531 Max Gehrmann: Freie Religionsgemeinschaft Deutschlands. Zur Rechtfertigung ihres Begriffs, in: Freie Religion 1938, S. 19.

532 Taesler: „Frisch, fromm, fröhlich, frei!“, S. 11.

533 Schwarz: Deutschheit und Christlichkeit, S. 35.

bb) Begriffsbestimmung

Clemens Taesler und ähnlich die Frankfurter Gemeinde interpretierten die „Freiheit der Selbstverantwortung“ als „Bindung an unser Gewissen und unsere Vernunft“. Freiheit stehe dadurch in der „Gebundenheit der Ewigkeitsverantwortung“.[534] Georg Pick definierte die Freiheit als „Bindung des Menschen an seinen Wesenskern und damit an den sich in ihm offenbarenden Weltgrund“.[535] Er verstand unter Freiheit die „innere Notwendigkeit“ und „inneres Müssen im Gegensatz zu allem von außen kommenden Zwang“.[536] Daher forderte er die Verwirklichung der „Freiheit des sittlichen Lebens, die ihre tiefste Wurzel in der Bindung an unser Wesen“ finden solle. Wahre Freiheit sei „Gebundenheit an unser Bestes“.[537] Max Gehrmann und ähnlich die Offenbacher Gemeinde beschrieben die Beziehung zwischen Freiheit und Gebundenheit als Bindung der Freiheit „an das im Wesensgrunde des Menschen beruhende Gewissen“.[538]

Eine Bindung des Einzelnen sollte demnach im Grundsatz durch sein Gewissen und gegenüber dem Ewigen erfolgen, nicht aber gegenüber Staat, Kirche oder anderen Institutionen. Diese Folgerung wurde aber nur einseitig gezogen. Zwar erhoben Freireligiöse den Ruf nach Freiheit gegenüber den christlichen Kirchen und ihrer Dogmatik. Daß eine Bedrohung der Freiheit jedoch in weit stärkerem Maß von dem nationalsozialistischen Staat und seiner totalitären Ideologie ausgehen könnte, wurde nicht einmal angedeutet.

cc) Eingrenzung

Dieses Dilemma wird noch klarer sichtbar in den Versuchen, den Freiheitsbegriff einzugrenzen. Um Verdachtsmomente der staatlichen Stellen gegenüber den freireligiösen Gemeinden zu zerstreuen, mußte der Freiheitsbegriff so eingeschränkt werden, daß er sich nicht gegen den

---

534 Taesler: Unsere deutsche freie Religion, S. 9; Verfassung der Freireligiösen Gemeinde Frankfurt, S. 2.

535 Pick: Religiöse Richtlinien, S. 51; Pick/Taesler: Entwurf eines gemeinsamen Bekenntnisses, S. 76.

536 Pick: Die Religion der freien Deutschen, S. 12.

537 Pick: Die Freie Religionsgemeinschaft Deutschlands im religiösen Ringen, S. 114; ders.: Die religiöse Lage, S. 9.

538 Gehrmann: Vorwort, S. 4; Verfassung der Freien Religionsgemeinschaft Deutschlands, Gemeinde Offenbach a. Main, S. 2.

Staat richten oder als Widerstand gegen eine Gleichschaltung gedeutet werden könnte.

So betonte Georg Pick, daß eine „Gefahr in dem Begriff der Freiheit" liege. Sie bestehe darin, daß Freiheit in „einem oberflächlichen, libertinistischen Sinn" gedeutet werden könnte.[539] Für den Freireligiösen aber bedeute Freiheit nicht „bloße Willkür und Disziplinlosigkeit" oder gar „Anarchie, libertinistische Zerbröcklung und Parteiengezänk" auf einem „Tummelplatz eitler Querulanten".[540] Ausdrücklich trennte Pick den von ihm vertretenen Freiheitsbegriff von oppositionellen politischen Überzeugungen. Den „politisch Unzufriedenen aller Schattierungen" warf er vielmehr vor, daß sie den Freiheitsgedanken „mißbrauchen". Mit Nachdruck wies Pick die Vorstellung zurück, freireligiöse Gemeinden könnten als „Sammelpunkt" eines „liberalistischen und libertinären Geistes" sowie als „Zufluchtsort" für diejenigen mißbraucht werden, „deren Freiheitsanspruch bei den heutigen politischen und sozialen Verhältnissen nicht auf seine Rechnung kommt". Vielmehr zeigte er sich überzeugt, daß die Freiheit „um so restloser erfüllt wird und um so heller erstrahlt", je mehr das „Zusammenwachsen des deutschen Volkes" erfolgen werde.[541] Letztlich werde aus der Verschmelzung von „Autorität und Freiheit" das „vollendete Volk" hervorgehen.[542]

Auch Max Gehrmann grenzte Freiheit nachdrücklich von „Verpflichtungslosigkeit und Zuchtlosigkeit" ab.[543] Ebenso betonte Clemens Taesler, daß Freiheit nicht als „Eigenwille, Verpflichtungslosigkeit oder Willkür im Sinne eines übertriebenen Individualismus, eines zügellosen Einzelgängertums" verstanden werden dürfe.[544] Die Freie Religionsgemeinschaft Deutschlands und ähnlich die Offenbacher Gemeinde erklärten, Freiheit sei nicht eine „eigenwillige, verpflich-

---

539 Pick: Die Gründung der Freien Religionsgemeinschaft Deutschlands, S. 84.

540 Pick: Die Lage der freien Religion, S. 84.; ders: Die Freie Religionsgemeinschaft Deutschlands im religiösen Ringen, II, S. 114; ders.: Die religiöse Lage, S. 9.

541 Pick: Die Religion der freien Deutschen, S. 11.

542 Pick: Die Religion der freien Deutschen, S. 319.

543 Gehrmann: Vorwort, S. 4.

544 Taesler: Unsere deutsche freie Religion, S. 9.

tungslose Haltung des Einzelnen", sondern die „Bindung des Menschen an sein Gewissen, an seinen Wesensgrund".[545]

b) Toleranz

Auch der Gedanke der Toleranz spielte in den Äußerungen von freireligiöser Seite weiterhin eine wichtige Rolle. Der BFGD betonte in seiner Satzung, es gebe „keinen Grund, einer ehrlichen fremden Meinung gegenüber unduldsam zu sein". Die Freireligiösen „verdammen nicht und wollen nicht verdammt sein".[546] Walther Hochberg charakterisierte die Duldsamkeit als ein „Moment der deutschen Religion".[547] Die *Deutsche Glaubenswarte* forderte dazu auf, die weltanschauliche Auseinandersetzung „ohne Hass, ohne Gift und Gewalt" zu führen.[548] Auch zwischen unterschiedlichen Völkern erhoffte sie für die Zukunft einen friedlichen Austausch: „Ein Volk wird das andere achten und von ihm lernen, freiwillig Gutes übernehmen und übertragen".[549]

Die Freireligiöse Gemeinde Frankfurt und die Freichristliche (Freireligiöse) Gemeinde Offenbach befürworteten die „Achtung vor allen überzeugten Andersdenkenden und Andersglaubenden".[550] Die Frankfurter Gemeinde sah in ihrer Position „keinen feindlichen Gegensatz zu anderen religiösen Ueberzeugungen". In den anderen Konfessionen erblickte sie „berechtigte Eigenarten der im Grunde gleichen menschentümlichen Sehnsucht nach Vervollkommnung". Ausdrücklich kündigte sie „der Intoleranz... entschiedenen Kampf" an.[551] Clemens Taesler verband die Forderung nach Toleranz mit der Hoffnung auf eine deutsche Nationalkirche. Von dieser „organisch gewachsenen neuen, freien deutschen Kirche" erwartete Taesler, daß sie sich nicht nach außen hin abschließen, sondern „mit den freien Kirchen der Welt

---

545 Verfassung der Freien Religionsgemeinschaft Deutschlands, S. 2; Verfassung der Freien Religionsgemeinschaft Deutschlands, Gemeinde Offenbach a. Main, S. 2.

546 Satzung des Bundes Freireligiöser Gemeinden Deutschlands, S. 98.

547 Walther Hochberg: Grundlagen des deutschen Glaubens, in: Deutsches Werden 1936, Nr. 12, S. 5.

548 Wir grüßen das neue Jahr, S. 2.

549 Das Blut, S. 52.

550 Verfassung der Freireligiösen Gemeinde Frankfurt, S. 2; Verfassung der Freichristlichen (Freireligiösen) Gemeinde Offenbach am Main, S. 2.

551 Verfassung der Freireligiösen Gemeinde Frankfurt, S. 3.

in Fühlung stehen" werde.[552] Eine freie deutsche Kirche werde „die Gleichgesinnten anderer Länder achten lernen und ihnen die Hände reichen".[553] Den stärksten Ausdruck fand der Gedanke der Toleranz in Clemens Taeslers Pfingstpredigt vom 13. Juni 1943. Hier brachte Taesler die Hoffnung auf den Fortschritt des menschlichen Geistes „trotz aller zerstörenden Verirrungen, trotz Personen-, Völker- und Rassen-Hasses, trotz Leidenschaft, Fanatismus und Krieges" zum Ausdruck.[554]

Max Gehrmann erklärte, mit dem „von uns vertretenen Gedanken der religiösen Freiheit" sei derjenige der Toleranz „aufs engste" verknüpft.[555] Freireligiöse sollten darum „den ehrlichen Glauben Anderer nicht verachten oder gar verspotten".[556] Auch Georg Pick verteidigte die „Idee der Toleranz".[557] Es liege im „Wesen des germanischen Menschen, in solchen religiösen Fragen duldsam zu sein".[558] Pick befürwortete den Toleranzgedanken nicht nur im religiösen Bereich, sondern dehnte die Forderung nach Toleranz ausdrücklich auf die politische Ebene aus. Nach der „Machtergreifung" 1933 forderte er diejenigen „unter unsern Mitgliedern, die für die nationale Revolution sich eingesetzt haben", zur Toleranz auf. Nationalsozialistisch gesinnte Freireligiöse sollten „die Ehrlichkeit und den guten Willen derer, die den Aufbau auf andern Wegen versucht haben, anerkennen".[559] Pick erwartete, das deutsche Volk werde auch nach seiner politischen wie religiösen Einigung „nicht allein und abgeschlossen auf der Erde" dastehen, sondern „neben anderen solchen Volkspersönlichkeiten" existieren.[560] Schließlich äußerte Pick Zustimmung zur „Forderung religiöser Toleranz" bei dem Philosophen Nikolaus von Kues. Erstaunlich

552 Silbernes Amtsjubiläum, S. 144.

553 Silbernes Amtsjubiläum, S. 143.

554 Clemens Taesler: Freier religiöser Pfingstgeist! Predigt zur 98-Jahr- und Pfingstfest-Weihestunde der Frei-religiösen Gemeinde Frankfurt a. M. (Gegr. 1. 6. 1845) am Pfingstsonntag, den 13. Juni 1943, Frankfurt/M. 1943, S. 4.

555 Gehrmann: Der Gemeinschaftstag der FRD., S. 2.

556 Gehrmann: Wozu sind wir auf Erden, S. 8.

557 Pick: Die Freie Religionsgemeinschaft Deutschlands in der religiösen Entwicklung, S. 95.

558 Pick, Die Freie Religionsgemeinschaft Deutschlands in der religiösen Entwicklung, S. 97.

559 Pick: Aufbau, S. 50.

560 Pick: Die Religion der freien Deutschen, S. 344.

daran ist, daß diese Toleranz „insbesondere einem andersartigen Volkstum gegenüber" gelten sollte.[561]

Die verschiedenen Aussagen von freireligiösen Sprechern zur Toleranz verdeutlichen, daß die freireligiösen Gemeinden ihr humanistisches Erbe trotz der weitgehenden Anpassung an die herrschende Ideologie und der Übernahme völkischer oder rassistischer Vorstellungen nicht gänzlich aufgegeben hatten. Stärker als bei dem Begriff der Freiheit, der gegenüber staatlichen Ansprüchen stark relativiert wurde, blieb der Toleranzgedanke lebendig und konnte sich in Forderungen nach der Anerkennung Andersdenkender und -glaubender zum Ausdruck bringen. Während die Forderung nach Freiheit gegenüber den Kirchen lautstark zum Ausdruck gebracht, gegenüber dem Staat aber verschwiegen wurde, dehnten Freireligiöse die Forderung nach Toleranz ausdrücklich auf den politischen Bereich aus. Besonders mutig waren hier Picks Betonung der Toleranz gegenüber „andersartigem Volkstum" und Taeslers Ablehnung von „Völker- und Rassenhass" mitten im Zweiten Weltkrieg.

c) Menschenwürde

Weniger häufig, aber nicht weniger nachdrücklich als die Forderung nach Toleranz artikulierte sich von freireligiöser Seite die Forderung nach der Achtung der Menschenwürde. So bekannte sich die Gemeinde in Offenbach in ihrer Verfassung zur „Achtung vor der Menschenwürde".[562] Clemens Taesler definierte die „Achtung vor der Menschenwürde" als einen der Grundsätze freireligiösen Glaubens.[563] Die Freireligiöse Gemeinde Frankfurt bezeichnete die Menschenwürde als „schöpferische Kraft".[564] Die Achtung vor der Menschenwürde betrachtete sie als eingebettet in die „Achtung vor allem Leben".[565] Auch die Freie Religionsgemeinschaft Deutschlands betonte in ihrer Verfassung den Gedanken, daß der Mensch „mit allem Leben verbunden" sei.[566] Hier wird deutlich, daß der Gedanke der Menschenwürde von

---

561 Pick: Unsere Deutschen Propheten, S. 16.

562 Verfassung der Freichristlichen (Freireligiösen) Gemeinde Offenbach am Main, S. 2.

563 Taesler: Von freireligiösem Wollen, S. 43.

564 Verfassung der Freireligiösen Gemeinde Frankfurt, S. 2.

565 Verfassung der Freireligiösen Gemeinde Frankfurt, S. 3.

566 Verfassung der Freien Religionsgemeinschaft Deutschlands, S. 2.

der pantheistischen Weltsicht der Freireligiösen abgeleitet wurde. Weil jeder Mensch - wie alles Leben und darüber hinaus alles Seiende - als ein Ausdruck des Göttlichen gilt, kommt ihm und seinem So-Sein eine unverfügbare Würde zu, die keiner weiteren Begründung mehr bedarf. Auch Max Gehrmann betonte die pantheistische „Gewißheit, daß in allen Wesen derselbe göttliche Lebensodem wirkt". Er betrachtete „nordische Frömmigkeit" als „gleichbedeutend mit der Ehrfurcht vor der Heiligkeit des Lebens".[567] Georg Pick erklärte, „daß dem Göttlichen in jedem Menschen... Ehrfurcht gebührt". Er betonte, daß diese Ehrfurcht jedem Menschen zukomme, „gleichviel, woher er komme, ob er zu unserem Volk gehört oder zu einem anderen". Diese Überzeugung rechnete Pick „zum festen Besitz aller Kulturvölker".[568]

Die Aussagen zur Menschenwürde und besonders die Worte Georg Picks zeigen, daß auch hier Freireligiöse ungeachtet ihrer vielfältigen Anpassung an die Verhältnisse in bestimmten Bereichen an ihren traditionellen Werten festhielten. Ebenso wie bei dem Begriff der Toleranz finden sich mutige Bekenntnisse zu einem Verständnis der Menschenwürde, das der nationalistischen und rassistischen Ideologie des Nationalsozialismus diametral widerspricht. Es zeigt sich auch hier, daß dieser offene Widerspruch als solcher entweder nicht gesehen oder zumindest nicht artikuliert wurde. Wenn Max Gehrmann die Ehrfurcht vor dem Leben mit völkischen Vorstellungen zu verknüpfen sucht, dann ist dies ein weiterer Ausdruck des Dilemmas, in dem sich die Freireligiösen befanden. Einerseits befürworteten sie den Nationalsozialismus und bekannten sich mit Nachdruck zum neuen Staat, andererseits versuchten sie an den humanitären Traditionen ihrer Gemeinschaft festzuhalten. Dazu mußten sie eine Umdeutung der nationalsozialistischen Ideologie vornehmen, die Bestandteile dieser Ideologie ad absurdum führte oder in ihr Gegenteil verkehrte. Das Ergebnis waren zum Teil groteske Widersprüche in den freireligiösen Aussagen dieser Zeit, die aber nicht offen diskutiert, sondern verdeckt wurden.

---

567 Gehrmann: Nordische Frömmigkeit, S. 147; ders.: Die Deutsche Seele im Kampf ums Dasein, in: Freie Religion 1940, S. 74.

568 Pick: Die Religion der freien Deutschen, S. 277.

E) Konklusionen

1) Die "politische Religion" des Nationalsozialismus und die Freireligiösen

Die Diskussion, ob und inwiefern der Nationalsozialismus religiöse Züge aufwies und ob es sich bei der nationalsozialistischen Ideologie um eine „politische Religion" handelte, kann in der vorliegenden Arbeit aus Raumgründen nicht nachgezeichnet werden. Einige kurze Hinweise auf die verschiedenen Positionen müssen deshalb an dieser Stelle genügen. Julius H. Schoeps betont, daß der Nationalsozialismus als eine echte Glaubensbewegung qualifiziert werden müsse. Er wies alle mythologischen Funktionen einer Religion auf. Von den Menschen verlangte er ein unbedingtes Bekenntnis und totale Unterwerfung.[569] Ähnlich kennzeichnet Klaus Hildebrand den Nationalsozialismus als einen „säkularisierten Totalitarismus", der eschatologische und liturgische Elemente der religiösen Heilslehren nachahmte.[570] Es lag somit im Wesen der nationalsozialistischen Ideologie begründet, daß es zwischen den Ansprüchen des totalitären Staates einerseits und denjenigen der verschiedenen Religionsgemeinschaften innerhalb dieses Staates andererseits zum Konflikt kommen mußte. Zu Recht bezeichnet John S. Conway den nationalsozialistischen Staat als eine Form des „Absolutismus". Ein Kompromiß zwischen dem Nationalsozialismus und anderen, abweichenden Ideologien oder Weltanschauungen war damit von Beginn an ausgeschlossen. Je nach den äußeren Umständen wurde diese Auseinandersetzung mehr oder weniger offen geführt. Kompromißvorschläge wechselten mit Unterdrückungsmaßnahmen ab. Letztlich aber zielte die nationalsozialistische Rassenideologie darauf hin, eine säkulare Ersatzreligion zu schaffen und damit sämtliche religösen Weltdeutungen zu verdrängen.[571] Dabei ist freilich zu berücksichtigen, daß der Nationalsozialismus niemals die „innere Logik

569 Julius H. Schoeps: Erlösungswahn und Vernichtungswille. Der Nationalsozialismus als politische Religion, in: Gerhard Besier (Hrsg.): Zwischen "nationaler Revolution" und militärischer Aggression. Transformationen in Kirche und Gesellschaft während der konsolidierten NS-Gewaltherrschaft (1934 - 1939), München 2001, S. 58.

570 Hildebrand: Das Dritte Reich, S. 15.

571 John S. Conway: Die nationalsozialistische Kirchenpolitik 1933 - 1945. Ihre Ziele, Widersprüche und Fehlschläge, München 1969, S. 343 ff.

und Folgerichtigkeit" einer stringenten Weltanschauung entwickelte und deshalb auf diesem Gebiet mit den traditionellen Religionsformen auch nicht ernsthaft konkurrieren konnte. Hanns Mommsen lehnt deshalb die Klassifizierung des Nationalsozialismus als „politische Religion" ab, da ihm im Gegensatz zu den traditionellen Religionsgemeinschaften ein „inneres Zentrum" fehle.[572]

Gruppierungen wie die völkisch-religiösen Vereinigungen, die Deutsche Glaubensgemeinschaft und eben auch die freireligiösen Gemeinden boten sich dafür an, dieses fehlende "innere Zentrum" zu ergänzen und damit die nationalsozialistische Ideologie zu vervollständigen. Derartige Ansprüche wurden aber von der Staats- und Parteiführung niemals ernstgenommen. Tatsächlich blieben die Ansätze zu einer arischen, nichtchristlichen Religion der verschiedenen völkischen, nordisch- oder germanisch-religiösen Gruppen ebenso unbeachtet wie die von Freireligiösen propagierte "Volksreligion" oder "Nationalkirche".[573] Die Freireligiösen stießen hier entgegen ihren überzogenen Hoffnungen auf eine große Zukunft im nationalsozialistischen Staat auf die "harte Abgrenzungsstrategie", welche die NSDAP gegenüber den völkischen Gruppen verfolgte.[574]

Schließlich hatten die angeblichen Vollender der deutschen Volksgemeinschaft gegenüber den Herrschenden in Staat und Partei wenig anzubieten. Rassistische und nationalistische Vorstellungen, die auch religiöse oder pseudoreligiöse Komponenten einschlossen, gehörten bereits als feste Bestandteile zur nationalsozialistischen Ideologie dazu und benötigten keine weiteren Verkünder. Wenn freireligiöse Vertreter derlei Anschauungen übernahmen und in ihren Gemeinden propagierten, dienten sie lediglich als Multiplikatoren der nationalsozialistischen Ideologie. Den einzigen wesentlichen Inhalt freireligiöser Verkündigung, der nicht bereits innerhalb der nationalsozialistischen Ideologie existierte oder von dort übernommen war, stellte die humanitäre Tradition der freireligiösen Gemeinden dar. Gerade diese Forderungen nach Toleranz und Achtung vor der Menschenwürde, die vereinzelt

---

572 Hans Mommsen: Der Nationalsozialismus als säkulare Religion, in: Gerhard Besier (Hrsg.): Zwischen "nationaler Revolution" und militärischer Aggression. Transformationen in Kirche und Gesellschaft während der konsolidierten NS-Gewaltherrschaft (1934 - 1939), München 2001, S. 53.

573 Friedrich Zipfel: Kirchenkampf in Deutschland 1933 - 1945. Religionsverfolgung und Selbstbehauptung der Kirchen in der nationalsozialistischen Zeit, Berlin 1965, S. 212.

574 Besier: Kirche, Politik und Gesellschaft, S. 116.

durchaus mutig artikuliert wurden, waren aber mit dem Nationalsozialismus schlechterdings unvereinbar. Die staatlichen Stellen und Parteifunktionäre, die das Ansinnen der Freireligiösen auf Schaffung einer deutschen Volksreligion ignorierten, hatten aus ihrer Sicht damit recht. Ebensowenig, wie die Versatzstücke aus der nationalsozialistischen Ideologie die freie Religion bereichern konnten, vermochten die freireligösen Anschauungen den Nationalsozialismus zu vollenden. Das Ansinnen, alle Deutschen in einer gemeinsamen religiösen Gemeinschaft vereinen zu wollen, war von vornherein illusionär. Die Freireligiösen waren und blieben eine kaum beachtete Splittergruppe.

2) Rückblick

Die späteren Darstellungen der Zeit von 1933 bis 1945 aus freireligiöser Sicht wirken oft eigentümlich blaß und konzentrieren sich häufig auf Interna und Verwaltungsangelegenheiten, während die eigene Anpassung an die nationalsozialistische Ideologie verschwiegen wird. Anstattdessen werden die freireligiösen Gemeinden als unschuldige Opfer von Unterdrückung und Schikane beschrieben.[575] So zog Karl Weiß anläßlich der Streichung staatlicher Subventionen einen Vergleich mit der „israelitischen Gemeinschaft", der „dasselbe" geschehen sei.[576] Eine solche Formulierung suggeriert eine Parallelität zwischen der Situation von Juden und derjenigen von Freireligiösen im Dritten Reich und wird den Tatsachen in keiner Weise gerecht.

Georg Picks Autobiographie berichtete zwar von dem inneren Widerwillen des Autors gegen die Gewaltmaßnahmen des NS-Regimes und von seiner Bestürzung angesichts der Verfolgung von Juden und Sozialdemokraten.[577] Die begeisterte Zustimmung zu der Person Hitlers und dem neuen Staat, die Pick in der NS-Zeit geäußert hatte, verschwieg er im Rückblick jedoch. Sein 1937 erschienenes Buch „Die Religion der freien Deutschen" mit den darin enthaltenen weitgehenden Angleichungen freier Religion an die NS-Ideologie wurde ebenfalls nicht erwähnt. Während Pick auf die Büsten Meister Eckharts, Goethes und Nietzsches in der Weihehalle der Freireligiösen Gemeinde in Mainz einging, überging er die dort aufgestellte Büste Odins und er-

[575] Gehrmann, Geschichte der Freireligiösen Gemeinde, S. 42 ff.; Weiß: 125 Jahre Kampf, S. 170 ff.

[576] Weiß: 125 Jahre Kampf, S. 172.

[577] Pick: Schicksalsweg eines Idealisten, S. 123 ff.

wähnte auch nicht seine Lobpreisungen der germanischen Religion und der Gestalt Odins aus dieser Zeit.[578] Pick zog aus der Geschichte der freireligiösen Gemeinden im Nationalsozialismus das Fazit, die Freireligiösen hätten sich bemüht, „einerseits den freireligiösen Charakter nicht zu verfälschen, andererseits die Gemeinden, wenn irgend möglich, vor dem Untergang zu bewahren".[579] Walter Meyer, Picks Nachfolger als Pfarrer in Mainz, räumte zwar ein, Pick habe gegenüber dem NS-Regime „manche Zugeständnisse" machen müssen. Er sei aber „niemals von den ethischen Idealen freier Religion abgerückt".[580]

Clemens Taesler berief sich nach dem Kriegsende auf „meine antinationalsozialistische Einstellung von 1933 - 1945". Er habe „unter dem Naziregime nur Nachteile gehabt".[581] Ausführlich zählte er seine Kontakte zu Personen auf, die aus rassischen oder politischen Gründen verfolgt worden waren. Seinen Antrag auf Aufnahme in die NSDAP erklärte er mit der „Verantwortung für meine Familie" sowie der „Sorge um meine ganz auf mich angewiesene Gemeinde, deren Auflösung befürchtet werden mußte".[582] Taesler war überzeugt, ohne seine Geste gegenüber der Partei „hätten tausende von Menschen auf jeden religiösen Trost... in der schwerstenZeit verzichten müssen".[583]

Karl Weiß versicherte, die Anpassung an die veränderten Umstände nach 1933 sei keine „Unterwerfung" unter den nationalsozialistischen Staat gewesen. Der Vorstand der Landesgemeinde habe einzig die „Sicherung und den Fortbestand unserer Gemeinden" bezweckt.[584] Man habe damals zwar gerüchteweise von „Furchtbarem, das geschehen sei", gehört. Da aber „die Anständigkeit es verbot, daran zu glauben", habe man nicht dementsprechend gehandelt.[585]

Einige Autoren aus der freireligiösen Bewegung versuchen, die freireligiösen Gemeinden dem Widerstand gegen den Nationalsozialismus

---

578 Pick: Schicksalsweg eines Idealisten, S. 131 f.

579 Pick: Die Freie Religionsgemeinschaft Deutschlands, S. 90.

580 Walter Meyer: 125 Jahre Freireligiöse Gemeinde Mainz, in: 125 Jahre Freireligiöse Gemeinde Mainz, 25 Jahre Freie Religionsgemeinschaft Rheinland. Festschrift zur 125-Jahrfeier der Freireligiösen Gemeinde Mainz und 25-Jahrfeier der Freien Religionsgemeinschaft Rheinland, Mainz 1972, S. 14.

581 Taesler: Meine Lage von 1933 - 1945, S. 11.

582 Taesler: Meine Lage von 1933 - 1945, S. 7 f.

583 Taesler: Meine Lage von 1933 - 1945, S. 12.

584 Weiß: 125 Jahre Kampf, S. 171.

585 Weiß: 125 Jahre Kampf, S. 199.

zuzuordnen. So behauptet Erich Satter, der frühere Präsident der Freireligiösen Landesgemeinschaft Hessen, die Freireligiösen - er nennt als Beispiel die Gemeinde Wiesbaden - hätten „dem Ungeist des Nationalsozialismus weit eindeutiger" widerstanden als die christlichen Kirchen. „Fest steht, daß nicht die Christen, sondern die Humanisten sich offen auflehnten".[586] Ähnlich erklärt Helmut Kober, der langjährige Präsident der Freigeistigen Landesgemeinschaft Nordrhein-Westfalen, die „freigeistige Bewegung, verkörpert durch den Volksbund für Geistesfreiheit, freireligiöse Gemeinden und Freidenkerverbände", habe zu denjenigen gehört, die während der NS-Zeit „das demokratische und menschliche Deutschland repräsentierten". Die freigeistige und humanistische Bewegung habe sich nicht „gleichschalten" lassen. Scharf grenzt Kober die Freireligiösen ab von den „Pionieren des deutschen Gottglaubens". Die Freireligiösen gehörten nach Kobers Überzeugung „nicht zu jenen, die in der damaligen Zeit ‚dem Christentum aufgrund ihres rassischen Bewußtseins und ihres Deutschtums den Kampf angesagt haben', ebenso auch nicht zu jenen ‚völkischen' und ‚deutschgläubigen' Gemeinschaften, die unter der Losung ‚Ein Volk - ein Reich - ein Glaube' eine deutsche Nationalkirche anstrebten".[587] Eine Einigung zwischen den freireligiösen Gemeinden und den völkischen Gruppen sei daran gescheitert, daß die Völkischen von den Freireligiösen verlangt hätten, keine Juden als Mitglieder aufzunehmen, den „deutschen Glauben" zu akzeptieren und das Dritte Reich zu bejahen. „In allen diesen Punkten konnte keine Übereinstimmung erzielt werden".[588] Die Zuordnung der freireligiösen Gemeinden zum Widerstand gegen das NS-Regime ist offensichtlich falsch. Eine „offene Auflehnung", die über den Widerstand einzelner hinausreichte, gab es in den freireligiösen Gemeinden nicht. Aus den Quellen geht eindeutig hervor, daß die freireligiösen Gemeinden in der NS-Zeit Mitglieder jüdischer Abstammung ausschlossen oder ihrer Mitgliedsrechte beraubten, sich mit Nachdruck zum NS-Staat und der Führung Adolf Hitlers bekannten und die freie Religion als „deutsche Religion" propagierten. Auch das Streben nach der „deutschen Nationalkirche" verband sie mit den völkischen Gruppen. Die Distanzierung von der Deutschen Glaubensbewegung resultierte schließlich aus der scharfen Ablehnung des

---

586 Erich Satter: Die motivierende Kraft freier Religion einst und jetzt, in: Religion ohne Offenbarung und Dogmen. 140 Jahre freireligiöse Gemeinden, Neu-Isenburg 1986, S. 23.

587 Kober: Die freigeistige Bewegung im NS-Staat, S. 230.

588 Kober: Die freigeistige Bewegung im NS-Staat, S. 228.

Christentums durch die völkisch-religiösen Gruppen und aus der inneren Uneinigkeit der Völkischen, die innerhalb kurzer Zeit den Zusammenschluß wieder auseinanderfallen ließ.

Helmut Kober lief als Soldat zur Roten Armee über und arbeitete für das Nationalkomitee freies Deutschland. Wegen Desertion und Feindbegünstigung wurde er von einem Militärgericht in Abwesenheit zum Tode verurteilt.[589] Kober überträgt somit seine persönliche Einstellung als Widerstandskämpfer auf die Freireligiösen insgesamt. Eine derartige Darstellung der Ereignisse wird der tatsächlichen Entwicklung aber nicht gerecht. Das Bemühen um Anpassung an den nationalsozialistischen Staat wird dabei ignoriert. Georg Batz bezeichnet solche Interpretationen der Geschichte der freireligiösen Gemeinden im NS-Staat deshalb als „Legendenbildungen" und „Geschichtsmärchen" und wirft freireligiösen Organisationen vor, ihre Vergangenheit zu verklären, „als ob sie alle wegen ihrer Weltanschuung verfolgt und verboten gewesen wären".[590] Er gelangt zu der bitteren Schlußfolgerung: „je weiter das Dritte Reich zurücklag, um so mehr Widerstandskämpfer fanden sich ein".[591]

3) Schlußfolgerungen

Im Rückblick erschienen die freireligiösen Gemeinden also in der eigenen Darstellung in erster Linie als Opfer von Verfolgung und Unterdrückung. Dies traf für einzelne Freireligiöse durchaus zu. Eine zusammenfassende Darstellung der Verfolgung von Mitgliedern freireligiöser Gemeinden unter dem NS-Regime bleibt weiterhin ein Desiderat der Forschung. Ein Widerstand der freireligiösen Gemeinden und Verbände als Organisationen gegenüber dem nationalsozialistischen Regime existierte aber nicht. Vielmehr waren Vertreter der Freireligiösen seit der „Machtübernahme" der NSDAP mit Eifer darum bemüht, ihre Gemeinden als staatstreue Vereinigungen darzustellen. Während zunächst die angeblich völlig unpolitische Haltung und rein religiöse Arbeit der freireligiösen Gemeinden hervorgehoben wurde, wandelte sich die Argumentation innerhalb weniger Jahre deutlich. Völkische und rassistische

---

589 Helmut Kober: Das Recht ein Mensch zu sein, Neustadt/R. 2002, S. 35 f.

590 Georg Batz: Gegen die Widerstandslegenden. Kirchen - Freigeister - Nationalsozialismus - Antisemitismus, in: Aufklärung und Kritik. Zeitschrift für freies Denken und humanistische Philosophie 2002, S. 189.

591 Batz: Gegen die Widerstandslegenden, S. 196.

Völkische und rassistische Argumentationsmuster fanden Eingang in die freireligiöse Verkündigung. In Anlehnung an die Philosophie G. W. F. Hegels vertraten maßgebliche Sprecher der Freireligiösen wie Georg Pick und Max Gehrmann die Vorstellung, die freireligiösen Gemeinden seien in der fortschreitenden Bewußtwerdung des absoluten Geistes ein weiterer Schritt auf dem Weg zur Vollendung. Diese Entwicklung sollte in der Schaffung einer deutschen Volksreligion ihren Abschluß finden. Der nationalsozialistische Staat, der die politische Einigung des deutschen Volkes bereits durchgesetzt habe, werde diesem Schritt in Zukunft auch die religiöse Einigung folgen lassen. Dadurch werde die Macht der christlichen Kirchen mit ihren fremdstämmigen Glaubenslehren gebrochen werden und an ihrer Stelle eine dogmenfreie, im deutschen Volkstum wurzelnde Religion - eben diejenige der freireligiösen Gemeinden - zur deutschen Nationalkirche heranwachsen.

Die weltanschauliche Eigenart der freireligiösen Gemeinden begünstigte eine derartige Uminterpretation bzw. die Neuaufnahme von Glaubensinhalten. Da bei den Freireligiösen keine verbindliche Glaubensgrundlage in der Form von heiligen Schriften, Glaubensbekenntnissen oder eines kirchlichen Lehramtes existierte, blieben die freireligiösen Gemeinden in ihren Glaubensaussagen flexibel. Sie konnten sich neuen Erkenntnissen oder veränderten äußeren Umständen leicht anpassen. Andererseits liefen sie aber auch Gefahr, in einer zu weit gehenden Anpassung ihren ursprünglichen Kernbestand an Werten und Idealen aufzugeben. So entwickelte sich unter dem NS-Regime in den freireligiösen Gemeinden eine widersprüchliche Mischung aus den vom Nationalsozialismus übernommenen völkisch-rassistischen Ideologemen einerseits und bestimmten humanitären Kernbeständen der freien Religion andererseits. Daraus ergab sich in der religiösen Verkündigung der Gemeinden eine eigentümliche Mischung von widerstreitenden Elementen, da die humanitären Traditionen der Freireligiösen der nationalsozialistischen Ideologie deutlich zuwiderliefen.

Der Aussage von Manuel Tögel, Pfarrer der Unitarischen Freien Religionsgemeinde in Frankfurt/M., ist deshalb zuzustimmen, wenn er feststellt, Leben und Wirken Clemens Taeslers sowie die Gesinnung seiner Gemeinde während des Nationalsozialismus könne nicht „als solche des Widerstands“ ausgewiesen werden. Eine derartige Interpretation wäre „überzogen" und „nicht richtig".[592] Diese Einschätzung läßt sich auch auf andere freireligiöse Gemeinden dieser Zeit übertragen. Während einzelne Mitglieder, zumeist Mitglieder oder Sympathisanten der SPD, tatsächlich Widerstand leisteten und staatlichen Verfolgungsmaßnahmen ausgesetzt waren, bemühten sich die freireligiösen Gemeinden und Verbände als Organisationen um Anpassung und suchten nach einem *modus vivendi* mit dem nationalsozialistischen Regime.

Manuel Tögel verweist gegenüber diesen Anpassungen aber auch darauf, daß der „Humanitäts- und Mitmenschlichkeitsgedanke" mit „Zähigkeit festgehalten und eisern behauptet" wurde.[593] Ob dabei „Anstand und Würde" tatsächlich gewahrt blieben, ist nach den oben angeführten Aussagen jedoch zweifelhaft. Tatsächlich handelte es sich nicht nur um „Kompromisse", die freireligiöse Gemeinden eingehen mußten, um ihren Weiterbestand zu sichern. Es zeigte sich auch eine nicht unerhebliche Affinität zwischen einzelnen von Freireligiösen vertretenen Thematiken und der NS-Ideologie. Die in einer Stellungnahme freireligiöser und freigeistiger PfarrerInnen und SprecherInnen geäußerte Einschätzung, Picks Buch über „Die Religion der freien Deutschen" sei „ein beklemmendes Beispiel für ein ‚Zuviel' an Zugeständnissen an die politischen Verhältnisse - aber auch nur das", greift deshalb zu kurz.[594] Picks Darlegungen in diesem Buch zeigen ebenso wie seine zahlreichen Artikel und Flugschriften aus dieser Zeit deutlich, daß er in beträchtlichem Maß Teile der nationalsozialistischen Ideologie übernommen und in das bisherige freireligiöse Gedankengut integriert hatte. Dabei traten mehrfach bizarre Widersprüche zwischen den humanistischen und emanzipativen Traditionen der freireligiösen Gemeinden einerseits und den Anleihen aus der NS-Ideologie andererseits zu Tage, die durch mühsame Wortakrobatik nur teilweise verdeckt werden konnten.

---

592 Manuel Tögel: Bedrängnis und Zusammenhalt. Unitarische Freie Religionsgemeinde in Frankfurt während der NS-Zeit, in: Lutz Becht/Hermann Düringer/Ansgar Koschel: Rückkehr zur völkischen Religion? Glaube und Nation im Nationalsozialismus und heute, Frankfurt/M. 2003, S. 167.

593 Tögel: Bedrängnis und Zusammenhalt, S. 167.

594 Arbeitsgemeinschaft freireligiöser und freigeistiger PfarrerInnen und SprecherInnen: Stellungnahme zum Artikel von Peter Kratz "Führer Unser", in: Wege ohne Dogma 1998, S. 55.

4) Ausblick

Nach dem Zweiten Weltkrieg näherten sich die verschiedenen Strömungen der Freireligiösen wieder aneinander an. Die wiederentstandenen Gemeinden in Norddeutschland und der südwestdeutsche Verband einigten sich auf eine gemeinsame Organsisationsform. Am 10. September 1950 wurde in Wiesbaden der *Bund freireligiöser Gemeinden Deutschlands. Freie Religionsgemeinschaft* gegründet, der die Spaltung der freireligiösen Bewegung zeitweilig überwand.[595]

Diese Einigkeit blieb nicht lange erhalten. Heute sind die verbliebenen freireligiösen Gemeinden, zum Teil unter neuen Namen wie *Bund für Geistesfreiheit* (in Bayern) oder *Freie Humanisten* (in Niedersachsen und Hamburg) organisatorisch zersplittert und in verschiedenen Dachverbänden (dem *Bund Freireligiöser Gemeinden Deutschlands – Vereinigung freier Religions- und Weltanschauungsgemeinschaften*, dem *Dachverband Freier Weltanschauungsgemeinschaften*, dem auch der BFGD als Mitgliedsorganisation angehört, sowie dem *Humanistischen Verband Deutschlands* zusammengefaßt.[596] Die Bedeutung der freireligiösen Gemeinden innerhalb des Geisteslebens in Deutschland ist bis heute gering geblieben. Die Hoffnungen auf eine große Zukunft der heute zumeist stark überalterten freireligiösen Gemeinden haben sich zerschlagen. Ebensowenig wie die kirchenfeindliche Politik des NS-Staats hat die zunehmende Entfremdung der Menschen von den christlichen Kirchen die Freireligiösen stärken können. Während Tausende von Menschen jedes Jahr aus den großen Kirchen austreten, finden die wenigsten davon den Zugang zu einer freireligiösen Gemeinde. Die Freireligiösen sind damit eine Fußnote der deutschen Geistesgeschichte geblieben. Es verbleibt ihnen die Aufgabe, sich der Aufarbeitung ihrer Geschichte mit Licht- und Schattenseiten *sine ira nec studio* zu stellen, bevor die demographische Entwicklung der Gemeinden diese vollständig auslöscht.

---

595 Pick: Die Freie Religionsgemeinschaft Deutschlands, S. 89; Heyer: Geschichte, S. 48.

596 Andreas Fincke: Freidenker – Freigeister – Freireligiöse. Kirchenkritische Organisationen in Deutschland seit 1989, Berlin 2002, S. 17 ff.

F) Literaturverzeichnis

1) Archive

Archiv der Frei-religiösen Gemeinde Offenbach am Main, K.d.ö.R., Schillerplatz 1, 63067 Offenbach/M.

Archiv des Humanistischen Verbands Nordrhein-Westfalen, K.d.ö.R., Küpferstr. 1, 44135 Dortmund.

Archiv der Unitarischen Freien Religionsgemeinde (gegr. 1845), K.d.ö.R., Fischerfeldstr. 16, 60311 Frankfurt/M.

Stadtarchiv, Collinistr. 1, 68161 Mannheim.

2) Quellen

Ausführungsbestimmungen zur Verfassung der "Freien Religionsgemeinschaft Deutschlands" (FRD.), beschlossen am 21. Juli 1935 zu Mainz, in: *Freie Religion* 1936, S. 11.

Niddi **Belz**: Arbeitstagung der FRD. vom 14. - 17. August in Ober-Ingelheim, in: *Freie Religion* 1936, S. 139 - 142.

Ernst **Bergmann**: Blick ins Zeitgeschehen, in: *Deutsches Werden* 1940, Nr. 10, S. 1.

Ernst **Bergmann**: Böhmen und Mähren, in: *Deutsches Werden* 1939, Nr. 4, S. 1.

Ernst **Bergmann**: Brauchen wir eine deutsche Religion? In: *Deutsches Werden* 1941, Nr. 10/11, S. 1 - 2.

Ernst **Bergmann**: *Die deutsche Nationalkirche*, Breslau 1933.

Ernst **Bergmann**: Gibt es eine artrechte deutsche Religion? In: *Deutsches Werden* 1935, Nr. 9, S. 2 - 3.

Ernst **Bergmann**: Glaubensbewegungen, in: *Deutsches Werden* 1936, Nr. 11, S. 2 - 3.

Ernst **Bergmann**: Das Gottesbild des Meisters, in: *Deutsches Werden* 1936, Nr. 10, S. 1 - 2.

Ernst **Bergmann**: Großdeutschland, in: *Deutsches Werden* 1938, Nr. 11, S. 1 - 2.

Ernst **Bergmann**: Ein Jahr Gemeinschaft Deutsche Volksreligion, in: *Deutsches Werden* 1938, Nr. 8, S. 1 - 2.

Ernst **Bergmann**: Kann ein Deutscher Christ sein? In: *Deutsches Werden* 1937, Nr. 6, S. 1 - 2.

Ernst **Bergmann**: Nordisch-germanischer Glaube oder Christentum? Vortrag, gehalten im Rahmen der Herbstveranstaltungen der Gesellschaft für germanische Ur- und Vorgeschichte am 12. Oktober 1933 im Auditorium Maximum der Berliner Universität, in: *Deutsche Glaubenswarte* 1933, S. 140 - 142.

Ernst **Bergmann**: Die Weltesche, in: *Deutsches Werden* 1936, Nr. 1, S. 2 -3.

Ernst **Bergmann**: Die Wiederherstellung des Reichs, in: *Deutsches Werden* 1939, Nr. 11, S. 1 - 2.

Das Blut, in: *Deutsche Glaubenswarte* 1934, S. 50 - 52.

Der Deutsche Freireligiöse Bund, in: *Die Geistesfreiheit* 1933, S. 73 - 75.

A. **Döhr**: "Volk" im religiösen Verhältnis, in: *Freie Religion* 1936, S. 120 - 122.

A. **Döhr**: Der Grundgedanke freireligiösen Geschichtsglaubens und seine Durchführung im Religionsunterricht, in: *Freie Religion* 1937, S. 23 - 27.

Dogma und Glaube, in: *Deutsches Werden* 1936, Nr. 9, S. 1 - 2.

Arthur **Drews**: *Die Christusmythe*, völlig umgearbeitete Ausgabe, Jena 1924.

Arthur **Drews:** *Hat Jesus gelebt?* 3. Aufl., Neustadt/R. 1994 (ALV-Schriftenreihe 6).

Arthur **Drews**: Jesus der Arier? In: *Freie Religion* 1934, S. 18 - 26.

Arthur **Drews**: Richtlinien der Gemeinde Deutsch-Idealistischen Glaubens, in: *Freie Religion* 1933, S. 77 - 78.

Arthur **Drews**: *Das "Wort Gottes". Zur religiösen Lage der Gegenwart*, Mainz 1933.

Georg **Elling**: Ziele der Freireligiösen Gemeinde Pforzheim, in: *Freie Religion* 1933, S. 79 - 80.

Hermann **Engst**: Buchbesprechung. Dr Hans Krauß - Ansbach: Die Grundgedanken der Erbkunde und Rassenhygiene in Frage und Antwort, in: *Freie Religion* 1936, S. 29 - 30.

Hermann **Engst**: Mensch, Volk und Gott, in: *Freie Religion* 1936, S. 34 - 36.

Enthüllung einer Büste Odins in der Weihehalle der Gemeinde Mainz, in: *Mitteilungsblatt* der Freien Religionsgemeinschaft Deutschlands, 1. Februar 1941, S. 1 - 3.

Erlösungsreligionen, in: *Deutsches Werden* 1936, Nr. 7, S. 1 - 2.

Förderung der Eugenik, in: *Die Geistesfreiheit* 1933, S. 77 - 78.

Die Frankfurter Freireligiöse Gemeinde, in: *Mitteilungsblatt* der Freireligiösen Gemeinde Frankfurt, Nr. 10 vom August - September 1933, S. 1.

Freireligiöse Gemeinde Fürth i. Bay.: *An unsere Mitglieder*, Fürth 1933.

Max **Gehrmann**: Clemens Taesler 25 Jahre freireligiöser Pfarrer, in: *Freie Religion* 1936, S. 116 - 118.

Max **Gehrmann**: Vorwort, in: Deutsche Glaubensweise, Gedichte und Sprüche für die Jugend, ausgewählt von Max Gehrmann, Mainz o. J., S. 3 - 4.

Max **Gehrmann**: Die Deutsche Seele im Kampf ums Dasein, in: *Freie Religion* 1940, S. 71 - 76.

Max **Gehrmann**: Deutsches Evangelium, in: *Freie Religion* 1933, S. 135 - 144.

Max **Gehrmann**: Deutsches Gottsuchen, in: *Freie Religion* 1937, S. 18 - 23.

Max **Gehrmann**: Freie Religion und Staat, in: *Freie Religion* 1935, S. 129 - 132.

Max **Gehrmann**: Freie Religionsgemeinschaft Deutschlands. Zur Rechtfertigung ihres Begriffs, in: *Freie Religion* 1938, S. 18 - 19.

Max **Gehrmann**: *Freie Religionsgemeinschaft Deutschlands. Zusammenfassung der Leitgedanken ihrer Bildungsarbeit*, Mainz 1939.

Max **Gehrmann**: Der Gemeinschaftstag der FRD., in: *Mitteilungsblatt* der Freien Religionsgemeinschaft Deutschlands, Oktober 1941, S. 1 - 3.

Max **Gehrmann**: Nordische Frömmigkeit, in: *Freie Religion* 1936, S. 146 - 148.

Max **Gehrmann**: Die Religion der freien Deutschen, in: *Freie Religion* 1937, S. 67 - 69.

Max **Gehrmann**: Die Religionsfrage im Dritten Reich. Gedanken aus Alfred Rosenbergs Buch "Der Mythus des 20. Jahrhunderts", in: *Freie Religion* 1934, S. 57 - 61.

Max **Gehrmann**: Der Verrat an Luther. Zu Alfred Rosenbergs neuer Schrift, in: *Freie Religion* 1937, S. 137 - 140.

Max **Gehrmann**: *Wozu sind wir auf Erden? Predigt zur Jugendweihe am Osterfest*, Mainz 1941.

Gemeinde-Veranstaltungen 1. bis 29. September 1935, in: *Mitteilungsblatt* der Freireligiösen Gemeinde Frankfurt, Nr. 28 vom 28. August 1935, S. 1.

Die Gemeinschaftstagung der FRD vom 21. Mai 1939 in Offenbach a. M., in: *Mitteilungsblatt* der Freien Religionsgemeinschaft Deutschlands, 1. Juni 1939, S. 1 - 2.

Die Grundsätze der Gemeinschaft Deutsche Volksreligion, in: *Deutsches Werden* 1937, Nr. 10, S. 8.

Heimkehr ins Reich, in: *Deutsches Werden* 1938, Nr. 4, S. 1.

Walther **Hochberg**: Grundlagen des deutschen Glaubens, in: Deutsches Werden 1936, Nr. 12, S. 4 - 5.

Der Humanismus, in: *Deutsche Glaubenswarte* 1934, S. 115 - 116.

Der Jubiläums-Bundestag in Leipzig am 16. und 17. Juni, in: *Deutsche Glaubenswarte* 1934, S. 77.

August **Kahl**: Zu Ernst Haeckels 100. Geburtstag, in: *Freie Religion* 1934, S. 27 - 31.

Johannes **Keuchel**: Der kommende religiöse Deutsche, in: Hermann Schwarz/Georg Pick/Johannes Keuchel: *Deutsche Religion in Gegenwart und Zukunft*, Mainz 1939, S. 14 - 24.

Johannes **Keuchel**: Meister Eckehart (1260 - 1327), in: *Deutsche Glaubenswarte* 1934, S. 128 - 129.

Das Leipziger Bekenntnis, in: Freireligiöse Gemeinde Mainz (Hg.): *Quellensammlung freireligiöser Thesen. Eine Zusammenstellung programmatischer Leitsätze, Artikel und Gedichte mit thesenhaftem Charakter von 1841 bis 1989*, gesammelt von Lothar Geis, Mainz 1989, S. 12 - 18.

Armin **Licht**: Politik und Religion, in: *Freie Religion* 1936, S. 9 - 11.

G. **M.**: Gedanken zur Reformation, in: *Deutsches Werden* 1936, Nr. 10, S. 2 - 3.

Die neue Lage, in: *Die Geistesfreiheit* 1933, S. 50 - 51.

Carl **Peter**: An unsere Bundesmitglieder! In: *Deutsche Glaubenswarte* 1933, S. 125.

Carl **Peter**: Aus dem Bund Freireligiöser Gemeinden, in: *Die Geistesfreiheit* 1933, S. 97 - 99.

Carl **Peter**: *Die Freireligiösen. Eine Klarstellung des Bundes Freireligiöser Gemeinden Deutschlands*, Leipzig 1933.

Carl **Peter**: *75 Jahre Bund Freireligiöser Gemeinden. Blick in die Geschichte einer Bewegung*, Leipzig 1934.

Carl **Peter**: Die Gemeinschaft Deutsche Volksreligion gegründet, in: *Deutsches Werden* 1937, Nr. 9, S. 2.

Carl **Peter**: Das Münchener Attentat, in: *Deutsches Werden* 1939, Nr. 12, S. 2.

Georg **Pick**: Die Arme der Götter, in: *Freie Religion* 1941, S. 65 - 66.

Georg **Pick**: Aufbau, in: *Freie Religion* 1933, S. 49 - 50.

Georg **Pick**: Ein Beispiel echten Führertums, in: *Freie Religion* 1933, S. 113 - 114.

Georg **Pick**: Ein Briefwechsel über "Die Religion der freien Deutschen", in: *Freie Religion* 1937, S. 140 - 142.

Georg **Pick**: Christliche Kirche, germanische Glaubensrichtung, freie Religion und deutsche Zukunft, in: *Freie Religion* 1933, S. 182 - 186.

Georg **Pick**: *Die Entwicklungslehre und ihr religiöser Sinn*, Mainz 1939.

Georg **Pick**: Die Freie Religionsgemeinschaft Deutschlands in der religiösen Entwicklung der Gegenwart. Auszug aus der Rede des Gemeinschaftsvorstehers Dr. Georg Pick auf dem Gemeinschaftstag der FRD. am 6. September 1941 in Mainz, in: *Freie Religion* 1941, S. 93 - 98.

Georg **Pick**: Die Freie Religionsgemeinschaft Deutschlands im religiösen Ringen der Gegenwart. Aus dem Jahresbericht des Vorstehers zum Gemeinschaftstag der FRD in Pforzheim am 6. Juni 1938, in: *Freie Religion* 1938, S. 105 - 109.

Georg **Pick**: Die Freie Religionsgemeinschaft Deutschlands im religiösen Ringen der Gegenwart. Aus dem Jahresbericht des Vorstehers zum Gemeinschaftstag der FRD in Pforzheim am 6. Juni 1938, II, in: *Freie Religion* 1938, S. 114 - 118.

Georg **Pick**: Der Gemeinschaftstag der FRD vom 24. Mai in Karlsruhe, in: *Freie Religion* 1936, S. 82 - 88.

Georg **Pick**: Der Glaube an den Sieg, in: *Freie Religion* 1938, S. 1 - 2.

Georg **Pick**: Glaubensfreiheit! In: *Freie Religion* 1933, S. 161 - 162.

Georg **Pick**: "Glaubst du an Gott?" Die freie Religion umkreist von der Politik, In: *Freie Religion* 1933, S. 44 - 46.

Georg **Pick**: Die Gründung der Freien Religionsgemeinschaft Deutschlands. Zur Tagung in Offenbach am Main am 13. Mai 1934, in: *Freie Religion* 1934, S. 83 - 90.

Georg **Pick**: Die Lage der freien Religion im deutschen Volke, in: *Freie Religion* 1937, S. 82 - 86.

Georg **Pick**: Odin, ein Gipfelpunkt germanischen Geistes. Rede zur Enthüllung der Odinbüste in der Weihehalle der FRD, Gemeinde Mainz, in: *Freie Religion* 1941, S. 51 - 60.

Georg **Pick**: Die religiöse Lage. Auszug aus der Rede des Vorstehers der Freien Religionsgemeinschaft Deutschlands, Dr. Georg Pick, zum Gemeinschaftstag 1939 zu Offenbach/M., in: Hermann Schwarz/Georg Pick/Johannes Keuchel: *Deutsche Religion in Gegenwart und Zukunft*, Mainz 1939, S. 3 - 10.

Georg **Pick**: Religiöse Richtlinien einer Freireligiösen Gemeinde, in: *Freie Religion* 1933, S. 50 - 51.

Georg **Pick**: *Die Religion der freien Deutschen*, Berlin 1937.

Georg **Pick**: *Die Religion des deutschen Idealismus. Ein Blick auf die Quellen freireligiösen Glaubens*, Mainz 1933.

Georg **Pick**: Der Rüdesheimer Verbandstag vom 27. und 28. Mai 1933, in: *Freie Religion* 1933, S. 82 - 85.

Georg **Pick**: Das Schicksal der "Deutschen Glaubensbewegung", in: *Freie Religion* 1936, S. 77 - 79.

Georg **Pick**: Das Sonnenkreuz als Symbol der Freien Religion, in: *Freie Religion* 1934, S. 65 - 66.

Georg **Pick**: *Unsere Deutschen Propheten*, Mainz 1939.

Georg **Pick**: Die Vererbung im Lichte der Religion, in: *Freie Religion* 1941, S. 75 - 81.

Georg **Pick**: Weiterentwicklung des Christentums, in: *Freie Religion* 1934, S. 145 - 147.

Georg **Pick**: *Das Wesen der Freien Religion. Leitsätze freireligiösen Glaubens. Bekenntnis der freireligiösen Weihejugend in Fragen und Antworten*, 2. Aufl., Mainz 1934.

Georg **Pick**: Wie steht es um unsere Gemeinschaft? Bericht des Gemeinschaftsvorstehers über die Lage der Freien Religionsgemeinschaft Deutschlands auf der Gemeinschaftstagung in Mainz am 21. Juli 1935 (Schluß), in: *Freie Religion* 1935, S. 139 - 143.

Georg **Pick**/Clemens **Taesler**: Entwurf eines gemeinsamen Bekenntnisses der Gemeinden des Verbandes, in: *Freie Religion* 1933, S. 76 - 77.

Der Preußische Ministerpräsident - Chef der Geheimen Staatspolizei - an alle Staatspolizeistellen, Schreiben vom 20. November 1934, abgedruckt in: *Wege ohne Dogma* 1998, S. 59.

Prof. Bergmanns "Deutsche Nationalkirche", in: *Die Geistesfreiheit* 1933, S. 103 - 104.

Hermann **Raschke**: Zur Glaubensfrage, in: *Freie Religion* 1933, S. 130 - 135.

Johannes **Ronge**: *Johannes Ronge's (katholischer Priester) offenes Sendschreiben an den Bischof Arnoldi zu Trier*, Offenbach/M. 1845.

Satzung des Bundes Freireligiöser Gemeinden Deutschlands, in: *Die Geistesfreiheit* 1933, S. 98.

Erich **Schramm**: Ein Antrag, in: *Freie Religion* 1933, S. 51 - 52.

Hermann **Schwarz**: Deutscher Glaube, in: *Freie Religion* 1938, S. 130 - 133.

Hermann **Schwarz**: Deutsches Ewigkeitsbewußtsein, in: Hermann Schwarz/Georg Pick/Johannes Keuchel: *Deutsche Religion in Gegenwart und Zukunft*, Mainz 1939, S. 11 - 14.

Hermann **Schwarz**: Deutschheit und Christlichkeit, in: *Freie Religion* 1941, S. 34 - 40.

Silbernes Amtsjubiläum von Pfarrer Taesler, in: *Freie Religion* 1936, S. 143 - 144.

Staat und Religion, in: *Deutsche Glaubenswarte* 1934, S. 113 - 114.

Alfred Ernst **Stengg**: Religion - ein Irrtum? In: *Freie Religion* 1941, S. 24- 30.

Clemens **Taesler**: Die Daseinsberechtigung der freien religiösen Gemeinden, in: *Mitteilungsblatt* der Freien Religionsgemeinschaft Deutschlands, September 1941, S. 1 - 3.

Clemens **Taesler**: *Freier religiöser Pfingstgeist! Predigt zur 98-Jahr- und Pfingstfest-Weihestunde der Frei-Religiösen Gemeinde Frankfurt a. M. (Gegr. 1. 6. 1845) am Pfingstsonntag, den 13. Juni 1943*, Frankfurt/M. 1943.

Clemens **Taesler**: *„Frisch, fromm, fröhlich, frei!" als Losung deutscher freier Religion. Predigt zur Jugendweihe (Konfirmation)*, Mainz 1941.

Clemens **Taesler**: *Der liebe Gott und der eherne Gott. Eine Scheidung der Geister*, Mainz 1940.

Clemens **Taesler**: Meine Lage von 1933 - 1945, in: Unitarische Freie Religionsgemeinde (Hrsg.): *Dokumentation. Das Wirken Clemens Taeslers in schwerer Zeit*, 3. Aufl., Frankfurt/M. 1994, S. 6 - 12.

Clemens **Taesler**: *Die Religion als Lebenshalt. Religiöse Ansprache zur Morgenfeier der Freireligiösen Gemeinde Frankfurt a. M. (gegr. 1845) - Körperschaft des öffentlichen Rechts - am Frankfurter Rundfunk am 28. Mai 1933*, 2. Aufl., Mainz 1941.

Clemens **Taesler**: *Unsere deutsche freie Religion als Gesinnung und Tat. Konfirmations-Predigt*, Mainz 1940.

Clemens **Taesler**: Von freireligiösem Wollen, in: *Freie Religion* 1933, S. 42 - 43.

Die Tagung der Germanisch-Deutschen Glaubensbewegung in Eisenach am 29. und 30. Juli 1933, in: *Freie Religion* 1933, S. 144.

Urschrift. Ausserordentliche Delegiertenversammlung am 11. 9. 33, abgedruckt in: Freigeistige Gemeinschaft (Freireligiöse Gemeinde) Berlin e. V. (Hg.): *Geschichte der Freireligiösen Gemeinde Berlin 1845 - 1945*, Dortmund 1981 (Berliner Freigeistige Bewegung 1), S. 77 - 80.

Urschrift. Ausserordentliche Delegiertenversammlung am 18. 10. 33, abgedruckt in: Freigeistige Gemeinschaft (Freireligiöse Gemeinde) Berlin e. V. (Hg.): *Geschichte der Freireligiösen Gemeinde Berlin 1845 - 1945*, Dortmund 1981, S. 81 - 82.

Verfassung der Freien Religionsgemeinschaft Deutschlands, Gemeinde Offenbach a. Main, Offenbach/M. 1941.

Verfassung der Freichristlichen (Freireligiösen) Gemeinde Offenbach am Main, herausgegeben von dem Vorstande der Gemeinde, Offenbach/M. 1933.

Verfassung der Freien Religionsgemeinschaft Deutschlands, Mainz 1934.

Verfassung der Freireligiösen Gemeinde Frankfurt a. M. (gegr. 1845) Körperschaft des Öffentlichen Rechts, Frankfurt/M. 1934.

Verfassung der Freireligiösen Landesgemeinde Badens, Mannheim 1933.

Verhandlungen bei Schließung des Bundes Freireligiöser Gemeinden, Gotha 16., 17. Juni 1859, im Auftrage der Versammlung herausgegeben von Leberecht Uhlich, Nachdruck Ludwigshafen 1984.

F. **W.**: Religion, in: *Deutsches Werden* 1940, Nr. 6, S. 2 - 3.

Karl **Weiß**: Der Nationalsozialismus und die Religionsgemeinschaften, in: *Mitteilungsblatt* der Freireligiösen Landesgemeinde Baden 1939, Nr. 7, S. 3.

Karl **Weiß**: Wir und die Andern, in: *Mitteilungsblatt* der Freireligiösen Landesgemeinde Baden 1936, Nr. 2, S. 3 - 4.

Welt und Mensch, in: *Deutsches Werden* 1935, Nr. 9, S. 3 - 5.

Wieder ein Schritt vorwärts, in: *Deutsches Werden* 1937, Nr. 8, S. 1 - 2.

Wir grüßen das neue Jahr, in: *Deutsche Glaubenswarte* 1934, S. 1 - 2.

Zur Aufklärung über den Bund für Geistesfreiheit (Freireligiöse Gemeinde) Nürnberg. (Körperschaft öffentlichen Rechts), Nürnberg 1933.

Zur Wahl am 10. April, in: *Freie Religion* 1938, S. 62.

3) Darstellungen

Albert Heuer: Freigeist und Sozialdemokrat. Zum 100. Geburtstag des unvergessenen Mitbegründers des Deutschen Volksbundes für Geistesfreiheit, in: *Kristall. Zeitschrift für Geistesfreiheit und Humanismus* 1994, Nr. 1, S. 4 - 8.

Arbeitsgemeinschaft freireligiöser und freigeistiger PfarrerInnen und SprecherInnen: Stellungnahme zum Artikel von Peter Kratz "Führer Unser", in: *Wege ohne Dogma* 1998, S. 55 - 58.

Art. "Albert Heuer", in: *Lexikon freireligiöser Personen*, Rohrbach 1997, S. 73 - 74.

Art. "Dr. Karl Weiß", in: *Lexikon freireligiöser Personen*, Rohrbach 1997, S. 172 - 174.

Peter **Bahn**: *Deutschkatholiken und Freireligiöse. Geschichte und Kultur einer religiös-weltanschaulichen Dissidentengruppe, dargestellt am Beispiel der Pfalz*, Mainz 1991 (Studien zur Volkskultur in Rheinland-Pfalz 10).

Gernot **Bandur**: Adolph Hoffmann. Freireligiöser, sozialistischer Verleger und Politiker, in: *Kein Jenseits ist, kein Aufersteh'n. Freireligiöse in der Berliner Kulturgeschichte*, Begleitbuch zur gleichnamigen Ausstellung im Prenzlauer Berg Museum Berlin vom 7. Juli 1998 bis 31. Januar 1999, herausgegeben vom Kulturamt Prenzlauer Berg, Berlin 1998, S. 170 - 181.

Georg **Batz**: Gegen die Widerstandslegenden. Kirchen - Freigeister - Nationalsozialismus - Antisemitismus, in: *Aufklärung und Kritik. Zeitschrift für freies Denken und humanistische Philosophie* 2002, S. 189 - 200.

Renate **Bauer**: Art. "Carl Peter", in: *Lexikon freireligiöser Personen*, Rohrbach 1997, S. 117 - 119.

Renate **Bauer**: Art. "Johannes Ronge", in: *Lexikon freireligiöser Personen*, Rohrbach 1997, S. 133 - 135.

Gerhard **Besier**: *Kirche, Politik und Gesellschaft im 20. Jahrhundert*, München 2000 (Enzyklopädie deutscher Geschichte 56).

Wilhelm **Bonneß**: Johannes Ronge. Aufbruch der freireligiösen Idee aus dem Katholizismus, in: *Die Freireligiöse Bewegung. Wesen und Auftrag*, Ludwigshafen 1959, S. 34 - 48.

Jörn **Brederlow**: *"Lichtfreunde" und "Freie Gemeinden". Religiöser Protest und Freiheitsbewegung im Vormärz und in der Revolution 1848/49*, München/Wien 1976 (Studien zur modernen Geschichte 20).

Dietrich **Bronder**: Freireligiöse Bewegung und Politik, in: *Die Freireligiöse Bewegung. Wesen und Auftrag*, Ludwigshafen 1959, S. 261 - 270.

Dietrich **Bronder**: Die Geschichte des Bundes Freireligiöser Gemeinden bis 1945, in: *Die Freireligiöse Bewegung. Wesen und Auftrag*, Ludwigshafen 1959, S. 67 - 88.

Hans **Buchheim**: *Glaubenskrise im Dritten Reich. Drei Kapitel nationalsozialistischer Kirchenpolitik*, Stuttgart 1953.

Martin **Buchner**: Art. "Clemens Taesler", in: *Lexikon freireligiöser Personen*, Rohrbach 1997, S. 162 - 164.

John S. **Conway**: *Die nationalsozialistische Kirchenpolitik 1933 – 1945. Ihre Ziele, Widersprüche und Fehlschläge*, München 1969.

Margarete **Dierks**: *Jakob Wilhelm Hauer. 1881 – 1962. Leben, Werk, Wirkung*, Heidelberg 1986.

Andreas **Fincke**: *Freidenker – Freigeister – Freireligiöse. Kirchenkritische Organisationen in Deutschland seit 1989*, Berlin 2002 (EZW-Texte 162).

Walter **Fleischmann-Bisten**: Art. "Freireligiöse Vereinigungen in Deutschland", in: *Religion in Geschichte und Gegenwart. Handwörterbuch für Theologie und Religionswissenschaft*, Bd. 3, herausgegeben von Hans Dieter Betz, Don S. Browning, Bernd Janowski und Eberhard Jüngel, 4. Aufl. Tübingen 2000, Sp. 333 - 334.

Die Freireligiöse Bewegung. Wesen und Auftrag, als Gemeinschaftsarbeit herausgegeben vom Bund Freireligiöser Gemeinden Deutschlands - Freie Religionsgemeinschaft, Körperschaft des öffentlichen Rechts, Ludwigshafen 1959.

Max **Gehrmann**: *Geschichte der Freireligiösen Gemeinde in Offenbach am Main*, herausgegeben vom Offenbacher Geschichtsverein, Offenbach 1968 (Offenbacher Geschichtsblätter 18).

Friedrich Wilhelm **Graf**: *Die Politisierung des religiösen Bewußtseins. Die bürgerlichen Religionsparteien im deutschen Vormärz. Das Beispiel des Deutschkatholizismus*, Stuttgart 1978 (Neuzeit im Aufbruch 5).

Horst **Groschopp**: *Dissidenten. Freidenkerei und Kultur in Deutschland*, Berlin 1997

Friedrich **Heyer**: Geschichte, in: *Religion ohne Kirche. Die Bewegung der Freireligiösen. Ein Handbuch*, 2. Aufl., Stuttgart 1979, S. 13 - 52.

Friedrich **Heyer**: Art. "Taesler, Clemens", in: Friedrich Wilhelm Bautz (Hg.): *Biographisch-Bibliographisches Kirchenlexikon*, Bd. 11, Herzberg 1996, Sp. 394 - 398.

Klaus **Hildebrand**: *Das Dritte Reich*, 6. Aufl., München 2003 (Oldenbourg Grundriß der Geschichte 17).

Stephan **Kalk**: Art. "Rudolf Walbaum", in: *Lexikon freireligiöser Personen*, Rohrbach 1997, S. 172.

Heinrich **Keipp**: Art. "Max Gehrmann", in: *Lexikon freireligiöser Personen*, Rohrbach 1997, S. 60.

Helmut **Kober**: Die freigeistige Bewegung im NS-Staat, in: *Der Humanist* 1979, S. 223 - 230.

Helmut **Kober**: Leserbrief von Helmut Kober, in: *Wege ohne Dogma* 1998, S. 60 - 61.

Helmut **Kober**: *Das Recht ein Mensch zu sein*, Neustadt/R. 2002.

Arnher E. **Lenz**: Vor 100 Jahren geboren: Gerhard von Frankenberg, in: *Kristall. Zeitschrift für Geistesfreiheit und Humanismus* 1992, Nr. 3, S. 4 - 6.

Lexikon freireligiöser Personen, herausgegeben von Eckhart Pilick, Rohrbach 1997 (Reihe Minoritätenlexikon I).

Walter **Meyer**: 125 Jahre Freireligiöse Gemeinde Mainz, in: *125 Jahre Freireligiöse Gemeinde Mainz, 25 Jahre Freie Religionsgemeinschaft Rheinland. Festschrift zur 125-Jahrfeier der Freireligiösen Gemeinde Mainz und 25-Jahrfeier der Freien Religionsgemeinschaft Rheinland*, Mainz 1972, S. 7 - 22.

Hans **Mommsen**: Der Nationalsozialismus als säkulare Religion, in: Gerhard Besier (Hg.): *Zwischen "nationaler Revolution" und militärischer Aggression. Transformationen in Kirche und Gesellschaft während der konsolidierten NS-Gewaltherrschaft (1934 - 1939)*, München 2001 (Schriften des Historischen Kollegs: Kolloquien 48), S. 43 - 53.

Hubertus **Mynarek**: Art. "Freireligiöse", in: *Evangelisches Kirchenlexikon. Internationale theologische Enzyklopädie*,1. Bd., herausgegeben von Erwin Fahlbusch, Jan Milic Lochman, John Mbiti, Jaroslav Pelikan und Lukas Vischer, 3. Aufl., Göttingen 1986, Sp. 1365 - 1367.

Ulrich **Nanko**: *Die Deutsche Glaubensbewegung. Eine historische und soziologische Untersuchung*, Marburg 1993 (Religionswissenschaftliche Reihe 4).

Ulrich **Nanko**: Nationale Sammlung jenseits der Kirchen. Die Deutsche Glaubensbewegung, in: Lutz Becht/Hermann Düringer/Ansgar Koschel: *Rückkehr zur völkischen Religion? Glaube und Nation im*

Nationalsozialismus und heute, Frankfurt/M. 2003 (Arnoldshainer Texte 122), S. 74 - 94.

Horst **Naumann**: Ernst Däumig - ein freireligiöser Revolutionär, in: *Kein Jenseits ist, kein Aufersteh'n. Freireligiöse in der Berliner Kulturgeschichte*, Begleitbuch zur gleichnamigen Ausstellung im Prenzlauer Berg Museum Berlin vom 7. Juli 1998 bis 31. Januar 1999, herausgegeben vom Kulturamt Prenzlauer Berg, Berlin 1998, S. 190 - 199.

Pia **Oberacker**: Art. „Adolph Hoffmann", in: *Lexikon freireligiöser Personen*, Rohrbach 1997, S. 78.

Georg **Pick**: Die Freie Religionsgemeinschaft Deutschlands, in: *Die Freireligiöse Bewegung. Wesen und Auftrag*, Ludwigshafen 1959, S. 89 - 91.

Georg **Pick**: *Schicksalsweg eines Idealisten*, Egelsbach/Frankfurt/M./St. Peter Port/Washington 1997.

Siegfried **Pick**: Art. "Dr. Georg Pick", in: *Lexikon freireligiöser Personen*, Rohrbach 1997, S. 122 - 125.

Matthias **Pilger-Strohl**: Eine deutsche Religion? Die freireligiöse Bewegung - Aspekte ihrer Beziehung zum völkischen Milieu, in: Stefanie v. Schnurbein/Justus H. Ulbricht (Hg.): *Völkische Religion und Krisen der Moderne. Entwürfe "arteigener" Glaubenssysteme seit der Jahrhundertwende*, Würzburg 2001, S. 342 - 366.

Matthias **Pilger-Strohl**: Zerrissen zwischen rechts und links: Freireligiöse im Rhein-Main-Gebiet, in: Lutz Becht/Hermann Düringer/Ansgar Koschel: *Rückkehr zur völkischen Religion? Glaube und Nation im Nationalsozialismus und heute*, Frankfurt/M. 2003 (Arnoldshainer Texte 122), S. 95 - 131.

Volker **Pitzer**: Art. "Freireligiöse Bewegung(en)", in: *Theologische Realenzyklopädie*, Bd. 11, herausgegeben von Gerhard Krause und Gerhard Müller, Berlin/New York 1983, S. 567 - 572.

Volker **Pitzer**: Politik, in: *Religion ohne Kirche. Die Bewegung der Freireligiösen. Ein Handbuch*, 2. Aufl., Stuttgart 1979.

Monika **Pohl**: Art. „Dr. Ludwig Marum", in: *Lexikon freireligiöser Personen*, Rohrbach 1997, S. 103 - 104.

Religion ohne Kirche. Die Bewegung der Freireligiösen. Ein Handbuch, herausgegeben von Friedrich Heyer unter Mitarbeit von Volker Pitzer, 2. Aufl., Stuttgart 1979.

Karl **Rennstich**: *Der Deutsche Glaube. Jakob Wilhelm Hauer (1881 - 1962): ein Ideologe des Nationalsozialismus*, Stuttgart 1992 (EZW-Texte: Information 121).

Erich **Satter**: Die motivierende Kraft freier Religion einst und jetzt, in: *Religion ohne Offenbarung und Dogmen. 140 Jahre freireligiöse Gemeinden,* Aussagen und Meinungen anläßlich der Jubiläumsveranstaltungen der ältesten Freireligiösen Gemeinde in der Bundesrepublik Deutschland, Neu-Isenburg 1986, S. 19 - 26.

Heinz **Schlötermann**: Die protestantischen Wurzeln der Freireligiösen Bewegung, in: *Die Freireligiöse Bewegung. Wesen und Auftrag,* Ludwigshafen 1959, S. 49 - 66.

Julius H. **Schoeps**: Erlösungswahn und Vernichtungswille. Der Nationalsozialismus als politische Religion, in: Gerhard Besier (Hg.): *Zwischen "nationaler Revolution" und militärischer Aggression. Transformationen in Kirche und Gesellschaft während der konsolidierten NS-Gewaltherrschaft (1934 - 1939),* München 2001, S. 55 - 63.

Klaus **Scholder**: *Das Jahr der Ernüchterung 1934. Barmen und Rom,* Berlin 1985 (Die Kirchen und das dritte Reich 2).

Helmut **Steuerwald**: *Die freigeistigen Bewegungen und der Nationalsozialismus.* Vortrag beim Bund für Geistesfreiheit (bfg) Fürth K. d. ö. R. in Zusammenarbeit mit dem Humanistischen Bildungswerk (hbb) Bayern, Fürth 2002.

Helmut **Steuerwald**: *Kritische Geschichte der Religionen und freien Weltanschauungen. Eine Einführung,* Neustadt/R. 1999.

Joachim W. **Storck**: Art. „Marum, Ludwig", in: *Badische Biographien,* Neue Folge, Bd. 5, im Auftrag der Kommission für geschichtliche Landeskunde in Baden-Württemberg herausgegeben von Bernd Ottnad, Stuttgart 1996, S. 198 - 202.

Sigurd **Taesler**: *Ehrfurcht, Humanität, Toleranz. Unitarische Gedanken in der Geistesgeschichte des Abendlandes,* Frankfurt/M. 1982.

Manuel **Tögel**: Bedrängnis und Zusammenhalt. Unitarische Freie Religionsgemeinde in Frankfurt während der NS-Zeit, in: Lutz Becht/Hermann Düringer/Ansgar Koschel: *Rückkehr zur völkischen Religion? Glaube und Nation im Nationalsozialismus und heute,* Frankfurt/M. 2003, S. 167 - 174.

Karl **Weiß**: *125 Jahre Kampf um freie Religion. Dargestellt an der geschichtlichen Entwicklung der Freireligiösen Landesgemeinde Baden,* bearbeitet und bis in die Gegenwart fortgeführt von Lilo Schlötermann, Mannheim 1970.

Michael **Wittig**: Art. "Freireligiöse Bewegungen", in: *Lexikon für Theologie und Kirche*, 4. Bd., herausgegeben von Walter Kasper, 3. Aufl., Freiburg/Basel/Rom/Wien 1995, Sp. 118 - 119.

Friedrich **Zipfel**: *Kirchenkampf in Deutschland 1933 – 1945. Religionsverfolgung und Selbstbehauptung der Kirchen in der nationalsozialistischen Zeit*, Berlin 1965.

Zeitfracht Medien GmbH
Ferdinand-Jühlke-Straße 7
99095 Erfurt, Deutschland
produktsicherheit@kolibri360.de